小・中学校の教師のための
特別支援教育入門

小谷裕実・藤本文朗・青山芳文
小畑耕作・近藤真理子
［編著］

ミネルヴァ書房

まえがき

　文部科学省は，小・中学校の通常の学級に在籍する児童生徒のうち約6.5%が「知的発達の遅れがなく，対人関係・行動・学習上で特別な支援を要する（発達障害が想定される）」と報告しました。視覚障害・聴覚障害・知的障害・肢体不自由等の障害がある児童生徒とその他特別な教育的ニーズのある児童生徒を合わせると，小・中学校では特別な支援を要する児童生徒が在籍児童生徒の10%を超えると考えられます。さらに通級による指導を受けている児童生徒（2016年度）は，小学校では1993年度の7.3倍，中学校で同35.1倍と大きく増加をしています。不登校や，家庭や対人関係や自分自身に対する不安を抱え，勉強どころではない子どももいます。日本語の指導が必要な外国人の児童生徒も増加し，児童生徒の出身国もブラジル，フィリピン，その他アジア諸国など広範です。特別な支援の必要な児童生徒へのかかわりについて，教師同士が力と知恵を出し合うことや，地域の資源を活用することが求められています。

　2019年度の入学生からは「教員免許状」の取得要件が改訂され，小・中学校の教員免許状取得を希望するすべての学生が「特別支援教育」の講座を履修します。しかし，生半可な知識をもとに，目の前の児童生徒の思考や行動の特徴から，「これは発達障害に違いない」と機械的に判断をしたり，安易に医療機関にかかることをすすめたり，特別支援学級へと振り分けたりすることは厳に慎まなければなりません。子どもたち一人ひとりが学級や学校の一員として認められ，安心して生活し学ぶことができる場を学校・学級に作り，育ち合う関係づくりに努めることが求められています。

　本書は，学校現場において，皆さんが学校という小さな社会の中で児童生徒が必要な学力や生きる力を身につけるよう指導するために，身につけていただきたい特別支援教育に関する基礎的な知識を整理しています。

　本書は，次のような構成になっています。

　第1章から第4章は，障害や特別支援教育についての入門・整理編です。

小・中学校の通常の学級での教室をイメージし，さらに家族，地域や関係機関との連携や対話の必要性について説明しています。

第5章では，教育思想，歴史などに学びながら，公教育に位置付けられた特別支援教育の理解を深められることを目指しています。一人ひとりの発達権の保障を基底に，共生社会，インクルーシブ教育のシステムの発展を期し，現場で児童生徒の学びやすさの視点にたった授業実践を自ら創ることができるように理論的なことにも触れています。

子どもの認知や行動，感じ方や思考のくせなどは一人ひとり違います。子どもから発せられる声や思いをくみとる力，共感できる力を持つことが教師に求められる重要な資質です。

しかし，思いだけでは一人ひとりの子どもに合った指導や支援をすることができません。障害や特性についての知識を持ち，子ども一人ひとりの思いに応えていくことが求められています。本書が皆さんにとって「どの子も一人ひとりかけがえのない特別な存在であるために必要な支援」とは何かということを考える機会となることを願います。

今回の企画は，すべての教員免許を取得する学生に，通常の学級を担当したとしてもこれだけは知っておいて欲しいこと，活かして欲しいことをテキストにしようという編集者の一人の藤本文朗の発案が始まりでした。その思いをミネルヴァ書房編集部の吉岡昌俊氏に受け止めていただき，ご尽力を頂きました。その他出版にかかわってくださったすべての皆さまに感謝を申し上げます。ありがとうございました。本書が現場での子ども理解と実践に資することができましたら幸甚です。

2020年2月

編　者

このテキストの使い方（教職課程コアカリキュラムとの対応）

1　教職課程コアカリキュラムと特別支援教育

　2017（平成29）年11月，「教職課程コアカリキュラムの在り方に関する検討会」で「教育職員免許法及び同施行規則に基づき全国すべての大学の教職課程で共通的に修得すべき資質能力を示すもの」（同検討会）として教職課程コアカリキュラムが作成されました。

　教職課程コアカリキュラムの中の「教育の基礎的理解に関する科目」にも項目の一つとして「特別の支援を必要とする幼児，児童及び生徒に対する理解」があげられました。

　文部科学省によれば，小・中学校の通常の学級に在籍する児童生徒のうち6.5％が「知的発達の遅れがなく，対人関係・行動・学習上で特別な支援を要する」とされています。視覚障害・聴覚障害・知的障害・肢体不自由等の障害を含め特別な教育的ニーズがある児童生徒を合わせると，小・中学校では特別な支援を要する児童生徒が10％を越えると考えられます。

　しかし，小学校教諭免許および中学校教諭免許の取得には「特別支援教育」の履修は必須ではなく，発達障害を含む障害や特別支援教育に関する基礎知識をほとんど学ぶことなく小・中学校の教壇に立つ学生が少なからずいました。

　こうした中，小・中学校の教諭免許の取得を希望する2019（平成31／令和元）年度の入学生からは，このコアカリキュラムに沿った「特別支援教育」に関する事項の履修（1単位または2単位）が義務づけられました。

　この科目を履修しただけでは，とうてい様々な障害のある子どもの理解と指導・支援について深めることはできませんが，少なくとも「小・中学校で学ぶ子どもたちの中に障害のある子どもがいることが普通であること」を理解し，こうした子どもの理解と指導・支援の基本を知ることができます。そして，当惑することなくこうした子どもたちとかかわることが期待できます。

ここでは，学生の皆さんにはこの科目で何を学ぶのか，教職員の方々にはコアカリキュラムの各到達目標が本書のどの章・節と対応しているのかがわかるように整理しています。

　「特別の支援を必要とする幼児，児童及び生徒に対する理解」の「全体目標」「一般目標」「到達目標」は次のとおりです。

【全体目標】

　通常の学級にも在籍している発達障害や軽度知的障害をはじめとする様々な障害等により特別の支援を必要とする幼児，児童及び生徒が授業において学習活動に参加している実感・達成感をもちながら学び，生きる力を身に付けていくことができるよう，幼児，児童及び生徒の学習上又は生活上の困難を理解し，個別の教育的ニーズに対して，他の教員や関係機関と連携しながら組織的に対応していくために必要な知識や支援方法を理解する。

（1）特別の支援を必要とする幼児，児童及び生徒の理解

【一般目標】

　特別の支援を必要とする幼児，児童及び生徒の障害の特性及び心身の発達を理解する。

【到達目標】

①インクルーシブ教育システムを含めた特別支援教育に関する制度の理念や仕組みを理解している。

②発達障害や軽度知的障害をはじめとする特別の支援を必要とする幼児，児童及び生徒の心身の発達，心理的特性及び学習の過程を理解している。

③視覚障害・聴覚障害・知的障害・肢体不自由・病弱等を含む様々な障害のある幼児，児童及び生徒の学習上又は生活上の困難について基礎的な知識を身に付けている。

（2）特別の支援を必要とする幼児，児童及び生徒の教育課程及び支援の方法

【一般目標】

　特別の支援を必要とする幼児，児童及び生徒に対する教育課程や支援の方法を理解する。

【到達目標】

①発達障害や軽度知的障害をはじめとする特別の支援を必要とする幼児，児童及び生徒に対する支援の方法について例示することができる。

②「通級による指導」及び「自立活動」の教育課程上の位置付けと内容を理解して

いる。

③特別支援教育に関する教育課程の枠組みを踏まえ，個別の指導計画及び個別の教育支援計画を作成する意義と方法を理解している。

④特別支援教育コーディネーター，関係機関・家庭と連携しながら支援体制を構築することの必要性を理解している。

（3）障害はないが特別の教育的ニーズのある幼児，児童及び生徒の把握や支援

【一般目標】

　障害はないが特別の教育的ニーズのある幼児，児童及び生徒の学習上又は生活上の困難とその対応を理解する。

【到達目標】

①母国語や貧困の問題等により特別の教育的ニーズのある幼児，児童及び生徒の学習上又は生活上の困難や組織的な対応の必要性を理解している。

2　各章・各節の教職課程コアカリキュラム（特別支援教育）との対応

　教職課程コアカリキュラムの「特別の支援を必要とする幼児，児童及び生徒に対する理解」の到達目標が本書のどの章・節と対応しているかを表0-1に示します。

表0-1　コアカリキュラムの到達目標と本書との対応

コアカリキュラムの到達目標	対応する本書の章・節
（1）特別の支援を必要とする幼児，児童及び生徒の理解	
①インクルーシブ教育システムを含めた特別支援教育に関する制度の理念や仕組みを理解している。	第1章第1節～第4節 第4章第1節～第5節 第5章第1節～第5節
②発達障害や軽度知的障害をはじめとする特別の支援を必要とする幼児，児童及び生徒の心身の発達，心理的特性及び学習の過程を理解している。	第2章第1節～第5節 第3章第5節・第6節
③視覚障害・聴覚障害・知的障害・肢体不自由・病弱等を含む様々な障害のある幼児，児童及び生徒の学習上又は生活上の困難について基礎的な知識を身に付けている。	第2章第1節 第3章第1節～第4節
（2）特別の支援を必要とする幼児，児童及び生徒の教育課程及び支援の方法	
①発達障害や軽度知的障害をはじめとする特別の支援を必要とする幼児，児童及び生徒に対する支援の方法について例示することができる。	第1章第1節・第2節 第2章第1節～第5節 第3章第5節・第6節
②「通級による指導」及び「自立活動」の教育課程上の位置付けと内容を理解している。	第1章第5節
③特別支援教育に関する教育課程の枠組みを踏まえ，個別の指導計画及び個別の教育支援計画を作成する意義と方法を理解している。	第1章第3節
④特別支援教育コーディネーター，関係機関・家庭と連携しながら支援体制を構築することの必要性を理解している。	第1章第3節 第4章第1節～第5節
（3）障害はないが特別の教育的ニーズのある幼児，児童及び生徒の把握や支援	
①母国語や貧困の問題等により特別の教育的ニーズのある幼児，児童及び生徒の学習上又は生活上の困難や組織的な対応の必要性を理解している。	第1章第1節・第2節 第3章第7節

目　次

特別支援教育関連法規

障害者の権利に関する条約（日本政府公定訳）

自立活動について（特別支援学校 小学部・中学部学習指導要領より）

さくいん

【表記について】

（1）「しょうがい」の表記

　現在我が国では，書き手の考えや思いにより「障害」「障がい」「障碍」など様々な表記がされており，それぞれの表記には当事者間でも賛否両論があります。地方自治体独自の公用語としての表記も様々です。

　執筆者はそれぞれ自分の考えや思いを持っていますが，この本では我が国の公用語（法律用語）である「障害」という表記に統一しています。

（2）「教師」という表記

　公用語（法律用語）には「教師」という表現はありませんが，社会的には「教員」よりも「教師」という言葉が馴染んでいます。そのため，法律の引用等を除き，「教員」ではなく「教師」という言葉に統一しています。なお，大学の教員は，大学で一般的に使用される「教員」という言葉に統一しています。

（3）障害名等の表記

　障害名等の用語・表記は医療職・心理職・教育職などの執筆者の立場や出典などによって異なるので，本書では統一しておりません。

（医療分野でも，WHO の診断基準である ICD とアメリカ精神医学会の診断基準である DSM とでは，下位分類が微妙に異なったり，ほぼ同じ概念でも異なる言葉になっていたりしています。また，発達障害者支援法で定義されている障害名も，医療における診断名（DSM-5：DSM の第 5 版など）とは一部異なっています。）

（4）その他の用語の表記

　その他の用語の表記は，ミネルヴァ書房編集部に一任しています。

第 1 章

特別ではない特別支援教育

1 小・中学校の教室は

1 小・中学校の誕生，発展，現在

①明治以前の教育

　日本では江戸時代から，藩士が儒学と武芸を学ぶ藩校や専門的な学問を学ぶ私塾（松下村塾や適塾など）だけではなく，庶民が「読み・書き・算」を学ぶ場である「寺子屋」がありました。寺子屋は私的な教育施設ですが，庶民の教育水準の向上に大きく貢献しました。当時のイギリスやフランスの識字率が約10〜30％であったのに対し，日本の識字率は70％以上と言われており，日本の庶民レベルの教育水準の高さがうかがえます。

　寺子屋での集団構成や指導形態は，無学年制（幼児や児童から青年や成人までが一緒に学んでいる究極のフルインクルージョン）で個別指導中心でした。学習内容は，一部に論語などの一斉指導もあったようですが，基本的には実生活に役立つ技能獲得と「読み・書き・算」が中心です。

②公教育，義務教育の誕生と発展

　明治維新を経て，日本は近代国家の仲間入りを目指し，1872（明治5）年に「学制」が公布されます。学制は，兵制や税制と並んで明治政府が近代国家建設のために公布した学校制度です。当初，学校建設費は地域負担，授業料も自己負担で，働き手である児童を学校に取られることなどから，就学率はそれほど高くはありませんでしたが，1902（明治35）年には授業料が無償となり，実質的な教育の義務化が完成しました。

　集団構成や指導形態は，基本的には現在と同じ学年制・集団指導（一斉指導）です。近代国家建設を目指す国の方針としては「富国強兵」「忠君愛国」を柱とした注入主義教育でしたが，実際の教室では一人ひとりの子どもに寄り添った個に応じた指導も大切にされていたと思われます。

③戦後の公教育

　終戦（第二次世界大戦の終結）を機に，戦前の富国強兵，忠君愛国を柱とした

教育が，子どもを教育の主体者と位置づけ，一人ひとりの内面を理解し尊重しようとする方向に転換していきました。

　集団構成や指導形態は引き続き学年制・集団指導（授業においては個に応じた指導を工夫しながらの同一教材での一斉指導）ですが，臨床心理学や発達心理学の知見を生かした子ども理解が進められ，教育に生かされていきました。

　「学年制」による「集団指導（一斉指導）」には，実年齢に応じた社会性の獲得や効率的な教科学習の積み重ねにおいて大きなメリットがあります。

　一方，メリットとともに難しさやリスクがあるのも確かです。

　この節ではまず，通常の学級の中で「困っている」子どもや当惑している子どものケースを紹介します。そして，そのような子どもたちをどう理解し，どのように支援をしたり，どのように励ましていくかを一緒に考えましょう。

　（はっきりとした障害のある子どもは第2章・第3章で紹介するので，この節ではそれ以外の子どもたちを例に考えてみたいと思います。）

2　障害の有無を問わず，多様な個性や特性のある子どもたち

①発達段階の多様性から「困っている」子どもや当惑している子ども

　Aさんは小学校4年生です。

　学校は大好きで，休み時間には寸暇を惜しんでドッジボールやサッカーをして走り回り，放課後は仲のよい友だちと約束して遊び回っています。でも最近，急に勉強が難しくなり，授業に興味が持てないことが増えてきました。

　そう言えば，1年生のときから，手を上げて当ててもらうのは好きだったし，先生にほめてもらうのは嬉しかったのですが，勉強は苦手でした。宿題は面白くないし，しかも時間がかかるので嫌いでした。

　平仮名を習得するのにも時間がかかりました。特殊音節（促音，拗音，長音

など）などは訳がよくわからないまま覚え込み，何とか読み書きができるようになりましたが，今でも間違うことがあります。片仮名は似た形が多いので覚えきれず，漢字はとくに苦手です。

　算数でも，単元が変わるたびにわからなくなりますが，計算は一応できます。答えがすぐに出てこないときは，今も指を使って数えながら確かめています。文章題は苦手です。先生は「よく読めばわかる」と言うのですが，読めば読むほど何算かわからなくなってしまうことがあります。「足し算の単元では足し算」，「引き算の単元では引き算」，「かけ算の単元ではかけ算」にするとたいてい正解になるので，問題文の意味を考えるのはやめました。

　Bさんは小学校5年生です。

　休み時間や放課後は親しい友だちとアイドルや男の子のうわさ話をして楽しく過ごしており，授業でも実験や調べ学習，友だちに教えたりする活動は楽しいので，友だちと一緒に活動することができる学校は嫌いではありません。

　でも，1年生のときからずっと，多くの授業は退屈でした。わかりきったことを先生が質問し，先生が決めた様式どおりに式や答えをノートに書き，黒板を写し，クラスの皆が終わるまでじっと待つのは苦痛でした。

　5年生になってやっと授業のスピードが速くなり，国語の物語教材や社会・理科などでは興味の持てる内容が増えてきましたが，それでも退屈なことが多いです。一斉指導の形態で友だちと一緒に勉強するなら塾の方がずっとわかりやすくて面白いし，個別の形態で勉強するなら○○式教室の方が好きです。

②生活背景から「困っている」子どもや当惑している子ども

　Cさんは小学校1年生です。

　学校は大好きで友だちは多く，遊び時間も放課後も楽しく遊んでいます。授業も先生の言っていることはよくわかるし，それほど苦労はありません。

　しかし，友だちが家族と一緒に遊びに行く休日や夏休み，年末年始は寂しい思いをしています。夏休みの日記は書くことがないので嫌いです。お母さんに「遊びに連れて行って」と頼んだのですが，「お金もないし，仕事があるし無理」と言われて我慢しました。また，前に「友だちが行っているスポーツクラブに入りたい」と頼んだときも「お金がない」と言われて我慢しています。

　Dさんは中学校2年生です。

　授業は何とかついていけているし，親しい友だちがいて仲良しグループにも入っているので，学校では楽しく過ごしています。

　しかし，夕方から夜は保育所や小学校に行っているきょうだいの面倒を見なければならないしお金もないので，友だちと一緒に買い物に行ったり皆が持っている流行の小物を買ったりすることができません。友だちと一緒に塾に行きたいという気持ちがありますが，言うとお母さんが困るので言っていません。大学に行くと言っている友だちが羨ましくないと言ったら嘘になりますが，早くお金のかからない高校を卒業して，自立したいと思っています。

　Eさんは小学校5年生です。

　来日して3年目になります。日本語独特の言い回しにはなじめませんが，もう友だちとの日常会話には困っていません。両親と兄・妹の5人家族で，両親は日本の工場で働いています。家族の仲はよく，学校でも友だちと一緒に楽しく過ごしています。

　しかし，同じ日本語でも日常会話と勉強に使う言葉は違うし，日本語の読み書きは難しく，勉強では苦労しています。また，習慣や文化が母国と違うので戸惑うことも多い毎日です。日本語の読み書きにはEさんよりも両親の方が困っており，学校からの手紙はEさんが読んで説明したり，学校に提出する書類はEさんが書いています。

　Fさんは小学校3年生です。

　先生は優しいし，友だちとも安心して遊べるので学校は大好きです。

　しかし，家ではお父さんとお母さんはいつも喧嘩をしています。誰にも話していませんが，お父さんにはよく叩かれ，お母さんにも叩かれたことや「お前を産むんじゃなかった」などと言われて悲しい思いをしたことがあります。

　先生がほかの友だちを叱っているときや男の先生が大きな声を出したりするときは，いつもびくびくしています。学校は大好きなのですが，お母さんと一緒に家にいたくて，学校に行きたくなくなるときがあります。

3　小・中学校の通常の学級の子どもたちの発達の幅

「小・中学校の**通常の学級**は，年齢も同じなので，とくに障害のある子ども
を除けば**発達段階**（知的な認識の力）はほぼ同じ」だと思っていませんか？

それは錯覚です。通常の学級の子どもたちの知的な発達段階には相当の幅が
あるのです。

では，どれほどの幅があるのでしょうか。

知的な水準を表す指標に IQ，知的能力を含めた発達の水準を表す指標に DQ が
あります。（IQ には，WISC など「100を平均値，標準偏差を15とする偏差 IQ」と
ビネーなど「100を平均値として "発達年齢÷実年齢×100" で算出する比 IQ」が
あり，使用する検査によって若干の違いが出ますが，ここでは分けて論じることは
しません。）

統計学的には「平均値±（標準偏差×2）」を超える範囲を「特異値」とするので，
知的発達における特異値は「IQ70＝100−（15×2）以下」と「IQ130＝100＋（15×2）
以上」となり，知的障害の要件は「IQ70以下」です。

つまり，通常の学級では基本的に IQ70〜130（＋ a）の子どもたちが学んでいま
す。また，統計学的には学級の1/6（40名の学級なら約6〜7名）の子どもが
IQ70〜85なのです。（実際には，IQ70以下でも通常の学級で学んでいる子どももお
り，IQ70以上であっても特別支援学級等で学んでいる子どもがいるなど，機械的
にではなく柔軟な教育的措置がされています。）

このことを前提して4年生の教室を考えてみましょう。

4年生の平均年齢はちょうど10歳です（10月1日時点）。ということは，比 IQ
が70の子どもの知的発達段階はほぼ7歳，130の子どもはほぼ13歳ということです。
実年齢7歳は小学校1年生，13歳は中学校1年生なので，4年生の教室には普通に，
知的な理解力では小学校1年生の子どもから中学校1〜2年生の子どもまでいると
いうことです。

このように，「小・中学校の通常の学級は，年齢も同じなので，とくに障害
のある子どもを除けば知的発達のレベル（知的な認識の力）はほぼ同じ」という
のは大きな錯覚で，「通常の学級の子どもたちの知的な発達のレベルには相当
の幅がある」のです。そして，これは昨今始まったのではなく，学年制・同一

教材での一斉指導を始めた明治の公教育誕生からずっと続いています。

　では，これだけの発達の幅のある子ども集団が基本的に同一教材で集団的に学ぶのは無理なのでしょうか。

　そんなことはありません。公教育発足後100年以上も続いていることを考えると，課題はあるにしてもそのメリットも大きいはずです。完全発達段階別，習熟度別の集団で指導した方が効率がよいかもしれませんが，発達的にも生活背景の面でも多様な集団だからこそ，多様で豊かな学び（対話的で深い学び）が実現するのです。

　明治このかた，私たち教師はこのような発達的にも生活背景からも相当幅のある子どもたちへの個に応じた指導を集団指導の中で工夫してきたのです。

4　集団指導を基本としながらの一人ひとりに応じた指導

　ただし，このメリットを生かすためには，「通常の学級が様々な生活背景のある子どもたちの集団で，一人ひとり相当異なる個性や特性のある集団である」ことを私たち教師が十分に認識したうえで，多様性を生かした対話的で深い学びにつながる授業をつくっていくことが大切です。

　また，通常の学級が知的な発達のレベルに相当の幅のある子どもたちで構成されていることを考えると，教材は同じ（学年対応の教材）でもすべての子どもに同一のねらい（教科書会社が設定した学年対応のねらいだけ）で指導するのではなく，一人ひとりの子どもの知的発達のレベルに応じた個別のねらいを持って指導することが大切です。

　（筆者の感覚では，学級定数が45名で一斉指導中心，特性ごとの個別指導のハウツウがまだなかった40年以上前の方が，教師は個別のねらいを持ちながら，無理をせずに一人ひとりの子どもへの対応を変えていたように思います。）

　このように書くと，難しそうに聞こえますが，そんなに難しいことなのでしょうか。そんなことはありません。

　「知識・技能」の面では，強い読み書き障害等がなければ知的発達がゆっくりでも，丁寧に指導すれば学年対応の知識や技能を獲得することはできるし，それが子どもの自信につながります。

　一方，「理解力＝わかり方」は知的発達のレベルに相当しばられます。学年

の目標（学習指導要領を踏まえて教科書会社が編集して記載している目標）を絶対視するのではなく（「わかった」か「わかっていない」で評価するのではなく），その子どもが「どのようにわかっているのか」と考えて，「その子どもの知的発達のレベルに応じたわかり方」を大切にしながら，時間をかけて高次のわかり方に高めていくことが大切です。

　小学校1学年の算数教材で具体的に考えてみます。

　数量認識は次のように発達していきます。（以下の年齢は定型発達でのめやすです。）

　3歳ごろは「3～4以下の具体物の数が直感的にわかる」，4歳ごろは「数えてわかる」，5歳頃は「数えずに頭の中で分解・合成ができる」です。

　小学校の算数では系統的な指導を考えて「数えずに頭の中で分解・合成する」（例：13−8 → 10から8を取って残りは2，2と3で5，だから答えは5）と指導するのが基本で，各教科書も基本的にそのような展開になっています。しかし，知的発達がゆっくりな子どもの場合，数えることを禁止されると「わからない」まま覚えてしまうことになり，かえって数量認識の力が育ちません。かと言って，いつまでも数えていると，知的発達の段階が進んだ後も集合数としての数概念が育ちにくくなります。

　また，私たち大人や7歳の段階を越えた子どもたちにとっては，足し算も引き算も同じレベルでわかります。しかし，それ以前の発達段階の子どもにとっては，「合わせて合計を考える足し算」に比べて，「取って残りを考える引き算（求残）」（過去→現在→未来と時間の変化によって考える）はイメージが持ちにくいのです。さらに引き算でも「求補」や「求差」の問題のように実際には取らない問題もあり，混乱します。

　このように，私たち大人やその発達段階を越えた子どもには何のことはない教材でも，知的発達がゆっくりの子どもにはその子の発達に応じたイメージが持てるように丁寧に指導することが大切です。

　「習熟度に合わせて」以上に「その子の認識に合わせて」が大切です。

5　教科学習の土台と生活経験

　小学校低学年の学習は，幼児期の生活や遊びの中で直感的につかんでいるこ

とを法則化しているに過ぎません。いや，そのことにこそ価値があります。

　算数を例にすれば，仲間集めや分類遊びは，数の基礎である集合概念や加減の基礎である分解・合成概念の土台です。「取り合い」の喧嘩を通して，端を揃えたり，一つひとつ順番に数えたりして比べることを学んでいきます（量と測定や単位の基礎）。「お姉ちゃんずるい。お姉ちゃんの方が3つ多い。」は引き算の世界。「平等に分けるため3つずつ」はかけ算や割り算につながる世界です。「こんなことぐらいわかっているはずだ」と考えたり，「苦手だから仕方がない」と諦めてしまうのではなく，生活経験が乏しい子どもには追体験をさせたり，発達がゆっくりな子どもには生活経験と教科をていねいにつないだりする指導や支援が大切です。

6　すべての子どもに特別支援教育の考え方を生かして

　学習指導要領の改訂に伴い，評価の観点が今までの4観点から3観点（「知識・技能」，「思考力・判断力・表現力」，「学びに向かう力・人間力」）に整理し直されました。この中の「知識」や「技能」についてはある程度「教える」ことは可能ですが，他の要素については「教えて身につく」ものではありません。家庭や地域の生活を含め，学校では「主体的・対話的で深い学び」を目指す授業の中で育てていきたいものです。

　先に，AさんからFさんまで，どの学級にでも普通にいる「『困っている』子どもや当惑している子ども」を紹介しましたが，こうした子どもたちがいる多様な集団だからこそ，多様で豊かな学び（対話的で深い学び）が実現するのです。そのために，私たち教師は，子ども一人ひとりの「困っている」ことや当惑していることを理解しようと寄り添う中で，より一人ひとりに応じた指導や支援を見つけて実践していきましょう。

　このこと自体はそんなに難しいことではありません。すべての子どもに最適の方法を見つけることは簡単ではありませんが，明治このかた，皆さんの先輩の先生方が工夫してきたことです。

　子どもを思う教師なら誰でもできる（誰でも迫ることができる），これが広義の特別支援教育（特別ではない特別支援教育）の考え方です。

（青山芳文）

2 育ち合いの学級経営

1 学級を点検してみませんか?

　街を見渡せば，外国語が飛び交い，多様化が急速に進んでいることを体感している人も多いと思います。同様に教室の中の多様化も進んでいます。学校にも，海外にルーツを持つ子ども，日本語に不安を抱えていたり，家庭や人間関係に不安があったりして学習どころではない子ども，ゆっくりとした発達のため学級集団の中で学習をするためには配慮の必要な子どもなどがいます。

　子どもは一人ひとり，誰もが特別な存在です。特別なニーズのある児童生徒とは，障害がある子どもやクラスの一部の子どものことではないのです。誰もが特別な存在であり，固有の思いや要求を持ち，言葉や身体全体で自分のしてほしいこと，したいことを表現しています。それぞれにこうしたい，こうしてほしい，こうなりたいという要求があり，それに対して集団や学級全体で応えていくことが求められています。それが学級づくりの基礎であり，教師は子どもたちを理解するために，複数の教師で一人ひとりの声を聴き，様々な角度からかかわり，存在を認めていくこと，情報を共有することが必要です。教職員全体が，子どもたちが地域や社会とつながり学び育っていくことのできる磁場となり，集団としての機能を持つ学級づくりを行うことが求められています。

2 学校の歴史の中で

　近代以降，世界中で様々な教育方法が模索されましたが，公教育として広く学習の機会を提供していくためには一斉教授が効果的でした。

　明治期に海外から輸入された一斉教授や教育制度は，江戸期までの身分制を廃していくためには有効な手立てでした。よい成績を修めて上位の学校に進学をすれば立身出世ができるという教育観は，新しい時代を作っていくためには必要なことでしたが，学力至上主義のはじまりでもありました。天皇主権の体制の中での教育観が打ち出され，子どもは教育を受ける権利を持つ主体ではあ

りませんでした。大正期には，子どもの生活や興味から活動をひきだしていこうという授業や，一人ひとりの生活の中での思いを共有し日々の学習活動の中に生かしていこうという取り組みが実践されていきます。生活綴方という生活を作文に綴らせる活動や児童詩や自由画という実践も生まれました。

　戦後，憲法が改正されて主権在民となり，教育を受ける権利が憲法で保障されます。

　一斉教授の効率の良さだけでなく，子どもの言葉に耳を傾けよう，生活を綴るという営みの中で児童生徒の生活の声や体験を学びに生かしていこうという取り組みもなされてきました。1960年代には，「自分の不利益には黙っていない」「みんなのための班活動，学級活動」というスローガンによる集団づくりの実践が始まっていました。一人ひとりが抱えている悩みやつらさ，がんばりを学級や班の中で共有しながら学級自治を行い，育ち合っていこう，高め合っていこうという実践ではありましたが，集団責任や連帯責任を班や学級のメンバーに強いてしまう危うさがありました。1980年代の吉本均らの実践では，一人ひとりの問題や課題をみんなの問題にする仲間意識の確立を目指されています。たとえば，「もっとわかりやすく教えてください」と要求する一人がいれば，それをみんなの思いとして共有をしていくことができる，自治を基礎とした集団づくりの中で，教科内容の習得ができる授業づくりを構想しています。

　当時は，1970年代から続く校内暴力や対教師暴力，「おちこぼれ（おちこほし）」などが社会問題となった時代でもありました。子どもたちの授業や学校への不満が，反社会的な行動として表れているという見方もありました。校則の見直しや制服の自由化といった要求や提案が，生徒の側から出され，生徒議会の討議の中で実現されたり，文化祭などを通した学校自治を児童生徒に委ねていこうという実践など，子どもたちの声が様々な形で表出していった時代でもありました。

3　増加する特別支援学級

　今日，インクルーシブ教育が謳われ，障害の有無にかかわらず，ともに学ぶことができる学習環境が目指されている一方で，発達障害の早期発見，早期療育が進み，療育手帳や医師の診断書を携えて地域の小学校に入学を希望する児

童が増えています。大阪市の特別支援学級の現状について「令和元年度　学校現況調査（令和元年5月1日現在）」において小学校で1425学級（在籍数6942人），中学校で557学級（在籍数2422人）と報告がされています。平成29年度は小学校では1167学級（在籍数5560人），中学校472学級（在籍数1941人）から大幅に増加をしています。不登校や日本語を母語としない子どもの日本語運用能力の課題など，発達に遅れはないけれど特別な支援が必要である児童生徒も含まれています。知的な遅れや，聴覚障害や視覚障害などがあっても，地元で学び育ってほしいと保護者が願い，特別支援学校ではなく校区の小学校に通い，必要に応じて特別支援学級や通常学級での学習を希望する児童も増えています。世界に目を向け，どんどん自分の可能性を広げたいと願う子どももいます。子どもたちの背景はあまりに広く，共有，理解し合うこと，学級での授業や活動をインクルーシブな取り組みとして実践することは必ずしも容易ではありません。

4　インクルーシブを誰もが持つ特別なニーズを果たすものとして

　サラマンカ宣言から2006年の障害者権利条約を経て，**インクルーシブ教育**への流れは世界的な動向となり，我が国の教育政策の一つの軸となっています。インクルーシブとは多様性を包括し認めていくことです。

　キリスト教思想の中には，人は自分がこうありたいという意思をもって生まれてきたという考えがあります。子どもも大人も，生まれながらに，それぞれが学びたい，育ちたいという意思を持つ存在であるといいます。一人ひとりが持つこうありたい，こう過ごしたい，という思いは固有で多様なものです。クラスの多数派に合わせていくものではないのです。

　子どもたちは，今までできずに，あるいはわからずに，不自由だった状況から，学びを通じて，できることわかることが増えて行動や思考が自由になっていきます。乳幼児期，寝たきりだった状態から，手を伸ばし，お座りができるようになり，立ち，歩き，行動範囲が広がり，自分で触って確かめながら世界を広げ，できることを増やしてきたように，学びを通して自分のやってみたいことに挑戦をし，育っていくのです。それぞれが自ら学び取っていく権利を持つのです。

　特別支援教育の中で「特別なニーズ」とか「特別なニーズに応える」という

言葉がきかれるようになりました。教室にいる誰もが特別な存在で，それぞれが必要としている思い（ニーズ）があるのです。その思いを大人は聴きながら，それを実現できない障壁や環境があるのなら取り除き，各人ができることを増やし，多様性を認めていく必要があるのです。

5　教師のリーダーシップとともに

　2012年の中央教育審議会「教職生活の全体を通じた教員の資質能力の総合的な向上方策について（答申）」では，「国際的視野を持ち，個人や社会の多様性を尊重しつつ，他者と協働して課題解決を行う人材」としての教師が求められています。子どもたちを学級という枠に当てはめていくのではないのです。学校それぞれが持つグランドデザインの中で，教師一人ひとりが子どもの願いや要求を受けとめながら，自分の役割を担うことが求められています。子どもたちが社会とかかわり合い，育っていくために，学級，学校で体得しておくべきことは何なのかを捉え直し，子ども一人ひとりの実態をふまえて，地域の様々な声や資源を活かしていくことが，**教師のリーダーシップ**として求められています。

　2018年には，文部科学省から小学校の高学年での教科担任制の導入をも視野に入れた改革の準備について報告がされました。「学級には子どもたちの一番の理解者としての担任がいて，その担任の下の生活の中でこそ学びがある」という視点は外せないと今まで考えられてきました。しかし，学級の児童生徒の思いや困っていることを，担任一人で抱えるのではないという視点が小学校にも入ってきました。担任の持ち味を活かした学級経営の方法の工夫をしながら，学年や学校の教師団とともにそれぞれの教師が捉えている児童生徒の姿，関係のとり方や役割を活かし，児童生徒それぞれの存在や思いを認め，児童生徒とかかわっていくことが今後求められていきます。

　学年団や学校が一つのチームとなって，学校全体の大きな集団づくりを行いながら，子ども一人ひとりが認め合い，教師が声を掛け合い，得意の部分でつながり，子どもの自立を進めることを推進しようとしています。

6　これからの学級経営──子どももチーム学校の一人として

　チーム学校については前述しました。子どもこそがチーム学校の一員です。授業や学級は，自分とは異なる他者の存在を対等な仲間として承認する場の機能を持っています。それぞれの持つ多様な背景，生活や学習の中でのつまずきに学級で共感をし，なぜそこで困るのかをお互いに疑問を持ち，心を砕き，それぞれの学びを未来につなげていけるように意見を出しあい，より良い学級や学校にしていくチームのひとりなのです。

　インクルーシブ，すなわち多様性を包括し認めていくことが学級の中で実現されることは，クラスでの活動の中でそれぞれの思いや行動が，教師や他の子どもから認められ，補い合えることです。クラスでの中で一人ひとりの成長を互いに喜び合える関係づくりが基盤になるのです。そのために，障害の有無を問わず，児童生徒の将来を見越した発達を保障していくことのできる指導性が教師に求められています。「この子は前年の受け持ちの子どもと同じ障害だからこんな支援グッズを使うとわかりやすい」といったマニュアルにとらわれることなく，新しい出会いとして，学級の中でその子自身の困っていることに共感をし，思いを馳せ，子どもとともに声をかけ合い，わかり合い，育ち合う関係づくりが求められています。そのためには，それぞれの違った意見や持ち味，役割や強みを出し合える学級集団づくり，授業づくりから構想をする必要があります。クラスの一人ひとりが今日も楽しかった，今日の自分は自分らしかった，誇らしかったと自分の行動や過ごし方にＯＫが出せる，一人ひとりの思いを互いに認め合うことのできる学級集団づくりです。誰かに意見を合わせることを強いられたり，多数決で決められたりするものではありません。最終的に多数決で決めることになったとしても，どうすれば，楽しく過ごすことができるのか，意見や知恵を出し，聴き合い，認め合う経験から，各人が自己認識感，自己効力感を持つことにつながります。自分と他を認めていくことのできる関係づくりを学級や学校全体の取り組みの中で実現し，課題を解決していくことが，子ども主体の学級や学校づくりなのです。それがインクルーシブであり，多様性を認めることです。どの子の声も思いも集団の中で認められ，生かされる，その子の声があるからこそより楽しいことができる，ということを学級の

中で保障していくのです。そうした学級でのやりとりが，社会に参画し，そこで自立していく基礎になるのです。子ども一人ひとりの学習権，ひいては発達権を保障することは，未来の社会においてそれぞれが豊かに過ごすことができることとは何かを考え，決めてみんなで守るということを通して，社会をつくる一市民となっていくことにつながります。

　運動会のプログラム，遠足や修学旅行の行き先，学級では，席替えの仕方，座席の配置，必要な係活動，授業の受け方，休み時間の過ごし方，学校の規則の一つ一つに至るまで，児童生徒の視点に立って見直すこと，子どもたち自ら作りかえることも大切です。学級文庫の選書，宿題の内容や量，お楽しみ会の日程や内容，そこに子どもたちは参加しているでしょうか。「子どもはきっとこう言う」「これがいいと言うに違いない」「今まで通りだから」ではないのです。目の前にいる一人ひとりの子どものニーズや，実態からはじまる学級経営が求められています。子どもたち自身が自分たちの生活をより快適にしていくためにはどうすればいいのかと考え，行動をすることを認められることが，社会の中で自分の世界を変え，変革をしていく主体として育てられることなのです。

　「子どものことは子どもに聴く」という立場で，児童生徒一人ひとりの思いを学級全体，授業の中で共有，共感し合い，多様な生活を持つ者同士，育ち合うことのできる学級づくりを構想していくことが求められています。学級という小さな社会での経験や関係づくりが，子どもたちの世界を広げていくことにつながります。これがこれから求められる学級経営なのです。

（近藤真理子）

1　特殊教育（障害児教育）の誕生と発展

　1878（明治11）年，公教育として日本ではじめての障害児校「京都盲唖院」
（京都府立盲学校，同聾学校の前身）が開校するなど，重度の視覚障害（盲）や聴
覚障害（聾）のある子どもの教育は戦前から公教育として実施されていました。

　戦後，1947（昭和22）年の学校教育法で，盲学校と聾学校だけではなく養護
学校が位置付けられましたが，ほとんどの都道府県では養護学校は設置されず，
重度の肢体不自由や重度の知的障害のある子どもたちは，就学猶予・免除の制
度の適用によって，事実上就学の機会が奪われていました。（なお，逆にこの時
期，知的障害の子どもが就学する養護学校や知的障害特殊学級がほとんどなかったため，
軽度の知的障害の子どもたちの多くは通常の学級で学んでおり，今以上に通常の学級は
インクルーシブでした。）

　1960年代，「すべての子どもに学校教育を！」というスローガンの下，重度
の障害のある子どもを含むすべての障害児の就学保障を求める運動が全国的に
展開し，1970年前後から多くの都道府県で**養護学校**の設置が始まり，重い障害
のある子どもたちの就修学保障が進みました。その中で，障害の種類と程度に
応じた教育内容の開発が進み，教育内容の整備と充実が実現していきました。
（今から見ると，障害の種類と程度に応じるということは一人ひとりのニーズに十分に
応じていないように見えるかもしれませんが，当時は重い障害のある子どもの教育に携
わってきたことのある教職員はいなかったのです。）

　このように，20世紀後半は，視覚障害（盲）や聴覚障害（聾）以外にも，障
害のある子どもたちの就学の機会の提供が始まり，特殊教育の場と内容の整備
と充実が行われた期間でした。また，21世紀になって認知されてきたいわゆる
発達障害を除くと，ほぼすべての障害について，その種類と程度に応じた指導
方法が開発された期間でした。

2 特殊教育から特別支援教育への転換

　2001（平成13）年４月，文部省（現文部科学省）の調査研究協力者会議から，20世紀の特殊教育を総括し，21世紀の方向性を明示した「21世紀の特殊教育の在り方について（最終報告）」が出され，2003（平成15）年３月には「今後の特別支援教育の在り方について（最終報告）」が出されました。

　「今後の特別支援教育の在り方について（最終報告）」では，基本的方向として「障害の程度等に応じ特別の場で指導を行う『**特殊教育**』から障害のある児童生徒一人一人の教育的ニーズに応じて適切な教育的支援を行う『**特別支援教育**』への転換を図る」と記されました。具体的・端的に言うと，「障害の種類と程度による就学指導を徹底し，特別の場に教員を多数配置して，特別の先生が特別の指導をする」ということを基本コンセプトとする特殊教育から，「一人ひとりの子どものニーズを総合的に把握して，子どもに関わる人々が連携しながら適切に支援し，指導や支援がその子どもに本当に合っているかを吟味しながら進める」ことを基本コンセプトにする特別支援教育への転換です。

　2007（平成19）年４月には学校教育法が一部改正され，制度としての特別支援教育が始まりました。同年４月１日の「特別支援教育の推進について」（初等中等教育局長通知）には，特別支援教育の理念が次のように書かれています。

　１．特別支援教育の理念

　　特別支援教育は，障害のある幼児児童生徒の自立や社会参加に向けた主体的な取組を支援するという視点に立ち，幼児児童生徒一人一人の**教育的ニーズ**を把握し，その**持てる力**を高め，生活や学習上の困難を改善又は克服するため，適切な指導及び必要な支援を行うものである。

　　また，特別支援教育は，これまでの特殊教育の対象の障害だけでなく，知的な遅れのない発達障害も含めて，特別な支援を必要とする幼児児童生徒が在籍する全ての学校において実施されるものである。

　　さらに，特別支援教育は，障害のある幼児児童生徒への教育にとどまらず，障害の有無やその他の個々の違いを認識しつつ様々な人々が生き生きと活躍できる共生社会の形成の基礎となるものであり，我が国の現在及び将来の社会にとって重要な意味を持っている。

3　特別支援教育を支える仕組み

　この通知では，特別支援教育を支える仕組みとして「特別支援教育を行うための体制の整備及び必要な取組」が次のように書かれています。

　3．特別支援教育を行うための体制の整備及び必要な取組
　(1)　特別支援教育に関する校内委員会の設置
　　各学校においては，校長のリーダーシップの下，全校的な支援体制を確立し，発達障害を含む障害のある幼児児童生徒の実態把握や支援方策の検討等を行うため，校内に特別支援教育に関する委員会を設置すること。
　　　　　　　　　　　　　　　　　(中略)
　　なお，特別支援学校においては，他の学校の支援も含めた組織的な対応が可能な体制づくりを進めること。
　(2)　**実態把握**
　　各学校においては，在籍する幼児児童生徒の実態の把握に努め，特別な支援を必要とする幼児児童生徒の存在や状態を確かめること。
　　　　　　　　　　　　　　　　　(中略)
　　特に幼稚園，小学校においては，発達障害等の障害は早期発見・早期支援が重要であることに留意し，実態把握や必要な支援を着実に行うこと。
　(3)　**特別支援教育コーディネーターの指名**
　　各学校の校長は，特別支援教育のコーディネーター的な役割を担う教員を「特別支援教育コーディネーター」に指名し，校務分掌に明確に位置付けること。
　　特別支援教育コーディネーターは，各学校における特別支援教育の推進のため，主に，校内委員会・校内研修の企画・運営，関係諸機関・学校との連絡・調整，保護者からの相談窓口などの役割を担うこと。
　　また，校長は，特別支援教育コーディネーターが，学校において組織的に機能するよう努めること。
　(4)　**関係機関との連携を図った「個別の教育支援計画」の策定と活用**
　　特別支援学校においては，長期的な視点に立ち，乳幼児期から学校卒業後まで一貫した教育的支援を行うため，医療，福祉，労働等の様々な側面からの取組を含めた「個別の教育支援計画」を活用した効果的な支援を進めること。
　　また，小・中学校等においても，必要に応じて，**個別の教育支援計画**を策定するなど，関係機関と連携を図った効果的な支援を進めること。

(5)　「個別の指導計画」の作成

　　特別支援学校においては，幼児児童生徒の障害の重度・重複化，多様化等に対応した教育を一層進めるため，「個別の指導計画」を活用した一層の指導の充実を進めること。

　　また，小・中学校等においても，必要に応じて，「個別の指導計画」を作成するなど，一人一人に応じた教育を進めること。

(6)　教員の専門性の向上

　　特別支援教育の推進のためには，教員の特別支援教育に関する専門性の向上が不可欠である。したがって，各学校は，校内での研修を実施したり，教員を校外での研修に参加させたりすることにより専門性の向上に努めること。(以下略)

　特殊教育から**特別支援教育**への転換の基本的なスタンスは，障害のある子どもに対して「特別の場で（特別の場だけで），特別の先生が，特別の指導をする」ことから，「子どもに関わるすべての人が，連携しながら，それぞれの場で適切に支援する」ことへの転換です。

　そのためには，指導や支援の計画を明確に設定して，保護者を含めた関係者の共通理解の下に実践し，その結果を評価して次の指導や支援に反映させていくことが必要です。そのツールが「**個別の指導計画**」や「**個別の教育支援計画**」です。

　また，それを担任任せではなく，チームとして取り組むことが必要です。各校におけるこのチームが「**校内委員会**」です。そして，チームで取り組むことがたんなる理念や形式で終わらず，具体的で有効な支援につながるかは，校内委員会の核となる教師の動きにかかっています。「**特別支援教育コーディネーター**」は，このチームの核であり，連携の要です。

（青山芳文）

4　学習指導要領

1　学習指導要領とは

　学習指導要領は，「全国のどの地域で教育を受けても，一定の水準の教育を受けられるようにするため」(文部科学省)，**学校教育法施行規則**に基づき，学校の**教育課程編成**の基準として定められているもので，文部科学省告示として公示されています。総則のほか，各**教科**や**領域**についてその目標や内容の要点について定められており，基本的に10年ごとに改訂が行われています。

2　新学習指導要領のポイント

　前の学習指導要領の告示から9年，2017（平成29）年，新しい学習指導要領が告示されました。改訂のポイントは次のとおりです。
◆社会に開かれた教育課程
　「よりよい学校教育を通じてよりよい社会を創るという目標を共有し，社会と連携・協働しながら，未来の創り手となるために必要な資質・能力を育む」ために「社会に開かれた教育課程」というキーワードが示されました。
◆新しい時代に必要となる資質・能力の育成と学習評価の充実
　「生きて働く**知識・技能**の習得」「未知の状態にも対応できる**思考力・判断力・表現力等**の育成」「学びを人生や社会に生かそうとする**学びに向かう力・人間性等**の涵養」の三つの評価の観点が提示されています。
◆学び方の重視
　「学び続ける」ことを重視し，「**主体的な学び**」「**対話的な学び**」「**深い学び**」の視点からの学習過程の改善が提起されています。

3　新学習指導要領での障害のある子ども等への支援

　今回の改訂では「総則」の構成が大幅に変わりました。
　とくに，総則の「第4」に「児童の発達の支援」(小学校学習指導要領)の項

が新たに起こされ（中学校，高等学校とも趣旨は同様），特別支援教育（広義）に関連する部分は大幅に加筆されました。記述量で単純に比較すべきではありませんが，障害のある児童に関する旧要領の記述がわずか6行であったのに対し，新要領では26行です。

「第1章 総則　第4 児童の発達の支援」の項目は次のとおりです。

1　児童の発達を支える指導の充実
2　特別な配慮を必要とする児童への指導
　(1)　障害のある児童などへの指導
　　　ア　（略），イ　（略），ウ　（略）
　　　エ　障害のある児童などについては，家庭，地域及び医療や福祉，保健，労働等の業務を行う関係機関との連携を図り，長期的な視点で児童への教育的支援を行うため，個別の教育支援計画を作成して活用することに努めるとともに，各教科等の指導に当たって，個々の児童の実態を的確に把握し，個別の指導計画を作成し活用することに努めるものとする。特に，特別支援学級に在籍する児童や通級による指導を受ける児童については，個々の児童の実態を的確に把握し，個別の教育支援計画や個別の指導計画を作成し，効果的に活用するものとする。
　(2)　海外から帰国した児童などの学校生活への適応や，日本語の習得に困難のある児童に対する日本語指導
　(3)　不登校児童への配慮

　これは，障害のある子どもが小・中学校で学ぶのは特別なことではないこと，小・中学校でもこうした指導がすでに全国的に取り組まれており，その方向で進めることを教育行政（国）としても認知したことを意味しています。

　また，特別支援学級に在籍する子どもと通級による指導を受ける子どもの個別の教育支援計画と個別の指導計画の作成が義務化され，通常の学級に在籍する子どもの場合は「努める」ことが求められています。

（青山芳文）

5　特別支援学校，特別支援学級，通級による指導，教育課程

1　特別の指導の場と特別の教育課程

　特別支援教育は，「幼児児童生徒一人一人の教育的ニーズを把握し，その持てる力を高め，生活や学習上の困難を改善又は克服するため，適切な指導及び必要な支援を行う」ものです（第1章第3節参照）。

　そのため，**特別支援学校**，**特別支援学級**（小・中学校），**通級による指導**などが整備され，そこでは**特別の教育課程**によって，障害のある子ども一人ひとりのニーズに応じた指導や支援が行われています。

2　特別支援学校

　特別支援学校は，障害の程度が比較的重い子どもが在籍して学ぶ学校です。特別支援学校の目的は，**学校教育法**第72条で「特別支援学校は，**視覚障害**者，**聴覚障害**者，**知的障害**者，**肢体不自由**者又は**病弱**者（身体虚弱者を含む。以下同じ。）に対して，幼稚園，小学校，中学校又は高等学校に準ずる教育を施すとともに，**障害による学習上又は生活上の困難**を克服し自立を図るために必要な知識技能を授けることを目的とする」（特別支援学校は，障害のある子どもに対して一般校と原則同じ教育を行うとともに，障害に応じた内容と方法で指導するという意味）と規定されています。

　特別支援学校に在籍して学ぶことができる子どもの障害の種類と程度は，**学校教育法施行令**第22条の3によるとされています。

3　特別支援学級

　特別支援学級は，小・中学校等に設置される，障害の程度が比較的軽い子どもが在籍して学ぶ学級で，学校教育法第81条第2項に規定されています。対象となる障害種は，「**知的障害**」「**肢体不自由**」「**身体虚弱**」「**弱視**」「**難聴**」「**その他**」で，「その他」には「**自閉症・情緒障害**」と「**言語障害**」が含まれます。

　特別支援学校が各都道府県に必ず設置されているのに対して，特別支援学級は各小・中学校等に必ず設置されるものではなく，必要に応じて任意設置される学級です。「知的障害」「自閉症・情緒障害」の学級は多くの小・中学校に設置されています。

4　通級による指導（通級指導教室）

　通級による**指導**は，通常の学級に在籍している障害のある子どもが，各教科や領域の授業の大半は通常の学級で受け，障害に応じた特別の指導を受ける形態のことで，その「特別の指導の場」は**通級指導教室**と呼ばれています。指導内容は，主として「自立活動」（次項参照）の領域です。

　通級による指導は，学校教育法施行規則第140条・141条に規定されており，対象は「言語障害」「自閉症（自閉スペクトラム症）」「情緒障害」「弱視」「難聴」「学習障害」「注意欠陥多動性障害（注意欠如多動症）」「その他」で，「その他」には「肢体不自由」と「病弱・身体虚弱」が含まれます。

5　特別の教育課程

　特別支援学校の教育課程は各学部の「特別支援学校学習指導要領」にもとづいて編成されます。幼稚園は幼稚園教育要領，小・中・高等学校はそれぞれの学習指導要領にもとづいて編成され，特別支援学級も例外ではありません。ただし，特別支援学級の教育課程は「特別の教育課程によることができる」（学校教育法施行規則第138条）と規定されており，特別支援学校の学習指導要領を参考にして編成することが望まれます。

　特別支援学校には，各教科・特別の教科 道徳・特別活動・外国語活動・総合的な学習の時間などの他に「**自立活動**」の領域があります。自立活動は，「障害による学習上又は生活上の困難を改善・克服する」（特別支援学校の学習指導要領）ことを目的とした領域で，その内容は「健康の保持」「心理的な安定」「人間関係の形成」「環境の把握」「身体の動き」「コミュニケーション」の6区分で構成され，27項目に分類されています。

　　　　　　　　　　［この節については，巻末の資料（法規等）を参照してください。］

　　　　　　　　　　　　　　　　　　　　　　　　　　　　　（青山芳文）

コラム1　教職を目指す仲間のみなさんへ

　私は4月から特別支援学校の教師として，社会人としての第一歩を踏み出します。学校生活の中で感じてきたこと，子どもや特別支援教育について学んできたことを紹介しながら，教職を志望している皆さんにエールを送ります。

　障害とは考えていませんが，私には強い不注意があり，興味が持てないことをみんなに合わせてコツコツ取り組むのが苦手です。「みんなと同じように」行動しなければならない学校では，自分らしさを抑えながら集団に溶け込んでいましたが，「学校ってやっぱりしんどいなぁ」と思うことが多々ありました。

　でも，「学校って案外捨てたものじゃない，学校って楽しい」とも感じていました。学校は，いろいろな個性や特性を持った人たちが集まってともに生活，学習する場です。自分の得意なことやダメな部分（人間らしいところ）もさらけ出せて，受け入れてもらえたら，学校はとても楽しい場所になるはずです。今のありのままの自分を受け入れてもらえるなら，学校という安心・安全の環境の中でこそ，子どもたちは本来持っている力を発揮し，挑戦する姿勢も生まれるのだと思います。

　私は特別支援学校の教師になるために障害や特別支援教育の科目を履修してきましたが，その中ではじめて自分自身の特性などを理解しました。強い不注意があるため，毎日何か一つは忘れ物をしているし，提出物もいつもギリギリか，間に合わないかで…。そういったエピソードはたくさんあります。しかし，注意をいろいろなところに向けられるからこそ様々なことに興味を持って取り組め，苦手な部分があるからこそ人に助けてもらって人とかかわる力をつけてこられたと考えています。

　子どもたちはみな，自分を肯定的にとらえてほしいと願っているはずです。障害があろうとなかろうと，子どもたちの感じ方，学び方は一人ひとりみんな違います。私は学校の教師として，私自身も自分らしく，子どもたちと一緒に生活，学習し，子どもたちが自分を好きになり，自分に自信が持てるよう，それぞれが持っている力を伸ばすためのお手伝いができたらいいなと思っています。

（進川知世）

第 2 章

特別なニーズのある子どもの理解⑴
発達の遅れと障害

1　知的障害

1　Aさんのケース

　Aさんは**ダウン症**です。先天性の心疾患もあり，医師から「このままでは数か月しか生きられない」と言われました。「生きて，育ってほしい」という願いから両親は「イクコ」と名付けました。生後5か月，心臓と肺動脈の手術を受けました。手術は成功しましたが，術後の体調管理は大変でした。

　子どもたちの中で育ってほしいという両親の思いから保育所に入りましたが，体の弱さは予想以上で，一日登園すると一週間は体調を整えるのに休まなければなりませんでした。3歳までは風邪をひくとすぐ入院していましたが，小学校に入る前にはとても元気になりました。小学校では通常の学級を選択し，同じ学年の子どもたちとともに学校生活を送りました。集団のルールや事の善悪など社会生活の基礎を学んでいきましたが，周りの友だちからワンテンポ遅れて行動しており，二人のクラスメートがいつも助けてくれていました。

　体操服の着替えは，スモールステップで一から取り組ませるのではなく，たとえば，ズボンをはく指導では，ズボンの前後を間違わずに置くことから始めるのではなく，ほとんどズボンをはいた状態から最後のお尻のところから上げ

ることだけをするなど，Aさんが一人でできるところから始めました。その結果，Aさんはいつも「できた」という**達成感**を持って行動することができるようになり，日常生活の中でできることが増えていきました。クラスの仲間も「Aさんのできることは一人でやる，できないことは支援をする」ようになっていきました。相手にはわかりづらかった発音も，身体の成長と文字の習得によって急速に育っ

ていきました。

　中学校からは特別支援学級に入り，水泳，スキー，ボーリングを始めました。体力をつけるだけではなくスポーツとしての楽しさ，難しさにもチャレンジすることができるようになり，さらに達成感が持てるようになりました。中学校卒業後は特別支援学校高等部に進学して，ダンスに挑戦しています。

2　知的障害とは

①知的障害の出現と原因

　知的障害の原因解明は進んできました。原因の約８割が出生前に発生しています。胎児期の風疹や水銀中毒，母体の代謝異常や薬物の影響など母体の中でのトラブル，周産期のトラブル，Ａさんのような染色体の異常などです。出生後の原因は，乳幼児期の脳炎や高熱による後遺症，頭部の外傷，中枢神経の感染症などです。また，原因が特定されていないことも少なくありません。

②知的障害の定義

　一般的に次の三つの基準にすべて合致することが知的障害の条件になります。

(1)知的な能力の発達に明らかな遅れがあること

　知能検査での数値で言えば，IQの値が70以下であること。

　（次の(2)(3)はなく，IQが低いというだけでは知的障害とは定義されないことに留意してください。）

(2)適応行動をすることに，明らかな難しさがみられること

　社会生活にかかわる適応能力が同年齢の子どもに比べて明らかに低いこと。

(3)その障害が発達期に起こっていること

　成人後の頭部損傷や高齢期の認知症で知能や適応能力が低くなった場合は知的障害とは定義されません。

※知的障害の重症度は以下の目安で分類されており，福祉の各制度が受けられる療育手帳（都道府県により名称が異なります）に等級が表示されています。

　IQ50～69：軽度……B2　　IQ35～49：中度……B1

　IQ20～34：重度……A2　　IQ20以下：最重度……A1

③知的障害の用語について

　知的発達が遅れていることを，古くは「白痴」「痴愚」「魯鈍」など，差別的

な言葉で呼ばれていました。これらは今日では死語になっており，時代とともに呼称も変わってきました。その後，教育現場では「知恵遅れ」という用語も長年使われていました。法律用語は長年「精神薄弱」でしたが，この用語は人格否定をするような印象があるということで，1999年に「知的障害」に改められました。法律用語ではありませんが，医学領域では「精神遅滞」（Mental Retardation）が長年使われてきましたが，近年「知的能力障害」（Intellectual Disabilities）と表記され始めています。

④知的障害の子どもの特徴

　知的障害の表れ方は子どもによって違いますが，主な特徴については以下のとおりです。

・（同年齢の子どもに比べると：以下同じ）言葉の発達が遅れている
・物事の理解に時間がかかることがある
・生活習慣を身につけるのに時間がかかる
・はじめてのことや物事の変化に対応できない
・一度に記憶できる量が少ないようである
・集中していられる時間が短くて長続きしない
・自分で判断して行動に移すことが苦手である
・決められた順番が待てない
・動作がぎこちなくスムーズに動けない
・手先が不器用で細かい作業が上手にできない
・思ったことを思ったとおり言葉にしてしまう
・自分でやる前に人に頼ってしまうことがある

3　支援と配慮のポイント

①学校における支援の基本

　知的障害のある小・中学生は，①小・中学校の通常の学級，②小・中学校の特別支援学級（知的障害），③特別支援学校（知的障害）で学んでいます。学ぶ場は，本人・保護者の願いを聞いたうえで市町村の教育委員会が決めます。

　特別支援学校の教育課程は，特別支援学校学習指導要領を基本に各特別支援学校が教育課程を編成しています。特別支援学級でも特別の教育課程が編成で

き，特別支援学校の教育課程を参考に指導を行うことができます。

　学ぶ場が違っても，知的障害の子どもへの支援の基礎は以下のとおりです。

(1)安心して学校で過ごせるような配慮をしましょう

　子どもの成長を促すためにも，安心して過ごせるように配慮・支援をしましょう。障害について正しい知識を持ち，子どもの特徴，何ができてどんなことが苦手かなどを理解し必要な指導や支援をすることが大切です。

(2)ゆったりとした気持ちで接しましょう

　子どもたちは，困ったことがあってもなかなか自分から助けてほしいと言えません。手助けが必要かどうか，状況を判断して子どもの気持ちになってみましょう。

　「早くしてよ」「ぐずぐずするな」「何しているの」「すぐに答えなさい」「なんでできないの」などは禁句です。言葉だけでなく身振りや手振り，絵，写真などを使ってわかりやすく物事を説明することが大切です。また，答えにくい尋ね方はやめましょう。例えば，「どうする？」ではなく「どちらがいい？」，「好きなものは何？」ではなく「どちらが好き？」，「どう思う？」ではなく「楽しい？　つまらない？」など，選択肢を示して答えを選ぶ形をとるのがよい子どももいます。

(3)物事のルールは根気強く教えましょう

　学校生活でも家庭でも，生活する上でのルールがあります。わかりやすく説明してあげながら，物事の決まりを教えましょう。安心して社会生活を送れるためにも，安全を守るためにもルールを教えていくことが大切です。家庭のルール，学校のルール，交通ルールなど社会では気を付けなければならないことがたくさんあります。強い言葉で叱るのではなく，どうすればよいかをわかるように具体的に説明したほうが子どもの理解の度合いが高くなります。とくに，命にかかわることは厳しく教えましょう。ルールを伝えるポイントは，以下のとおりです。

　①何が危険なのかを具体的に話す

　②できたときはほめる

　③叱るときはキッパリと叱る

　④一緒にやって見せる

(4)上手にできたときはたくさんほめましょう

　子ども（人）はほめられると気持ちがよく，やる気もでます。得意なことや好きなことを大切にしてほめていくと，能力も伸びていきます。喜びを感じると自発的に行動できます。できたことがほめられ自信になると，苦手なこともがんばってみようという気持ちになります。

(5)わかりやすく話すことが大切です

　曖昧な言い方や中途半端な表現では伝わらないことが多いです。指示をするときや危険を教えようとするときなどは，はっきり具体的に伝えましょう。正面から顔を合わせ，おだやかに声をかけることや，理由をきちんとわかりやすく話すことがポイントです。答えが返ってこないときは，YES か NO で答えられる形にしましょう。どうしたらいいかわからないと不安になり，緊張しジッとしていられなくなります。

(6)学校生活に音楽を取り入れましょう

　音楽のメロディーやリズムなどは，心と体の両面に働きかける力があります。発達に遅れがある子どもたちも，音楽を演奏するときに他の子とタイミングを合わせようとすることでコミュニケーション能力が自然に成長したりします。多動や攻撃性のある子どもが落ち着くこともあります。音を聞きながら，楽器を演奏したり歌ったりすることは，感覚が刺激され，「最後までできた」「楽しい」という気持ちから，満足感を得る効果をもたらすと期待されています。

②クラス担任として

　どの子どもたちにもつけたい力は，以下の三点です。

　①自己を信頼すること（**自己肯定感，自尊感情**）

　②他者を信頼すること

　③今持っている力を発揮すること

　しかし，知的障害のある子どもは，同年齢の子どもよりもできないことが多く，「自分だけができない」と，自分を「ふがいない」と感じてしまうことが少なくありません。

　できないことは友だちを信頼して助けてもらいながら，自分のできることは自分でやり，学級集団の中でできることを発揮する場面（出番）を用意しましょう。そのことを続けるうちに「まんざらでもない」自分を感じ，自己肯定感

を高めることができます。

　最初は，学校になじめず，教室の移動や友だちとの関係がうまくいかないことも多いかもしれません。また，とくに通常の学級での国語や算数などの教科学習には多くの困難があります。「できること」「わかること」を増やしながら，「できた」と感じる場面，「わかった」と感じる場面を数多く作りたいものです。とくに通常の学級では，座席を教室に入りやすいように廊下の入り口付近に配置したり，本人が話しやすい子どもと同じグループに入れたりするなど，安心して参加できる配慮をすることが大切です。

　学習活動の流れや手順を視覚的に示して見通しが持てるような配慮をすることが大切です。実物を見せ実際にやってみせることや生活と結びついた活動を取り入れ体験させるなどの要素を入れます。

　また，グループ学習やペア学習活動を取り入れて，近くで友だちの様子を見て参考にすると少しずつできるようになってきます。さらに，グループ活動を取り組むことで，コミュニケーションの方法を覚え，協力することも覚えていきます。

　通常の学級の担任と特別支援学級の担任は交流学習のことなどで日常的に情報交換をすることが必要です。知的障害のある子どもは，知的な遅れがあるだけでなく，他者との意思交換（コミュニケーション）などの適応能力にも課題がみられます。とくに交流学習における集団活動の実践にあたっては，両者の密接な連携が不可欠です。

（小畑耕作）

〈文　献〉
有馬正高監修『知的障害のことがわかる本』講談社，2007年。
向後利昭監修『知的障害の子どものできることを伸ばそう』日東書院，2013年。

2 発達障害①自閉スペクトラム症 (Autism Spectrum Disorder: ASD)

1 Aさんのケース

　小学校1年1組32名のクラス担任になったB先生。いよいよ新年度の始まりです。入学式が終わると，クラスの子どもたちと一緒に教室に戻ります。少しはにかみながらも笑顔の子どもたちの前に立ち，「先生の名前は，B△□です。宜しくお願いします。」と黒板に大きく名前を書いて自己紹介をします。「それでは，みんなのお名前を呼びます。呼ばれたら，元気に手を挙げて返事をしてくださいね。」とB先生は，児童の名前を一人ずつ読み上げました。「○△Aくん」「……」「あれ？お休みかな？○△Aくん！」すると，隣の女の子に突かれて不安そうに手を挙げ，小声で返事をする男の子がいました。校長先生から，お勉強には問題はないけれど，お友だちを作るのが苦手なために，療育教室に通っていた児童がクラスに一人いることを聞いていました。元気のない，表情の乏しい子だなあ，とB先生は少し心配になりました。

　新学期が始まって5日目の朝に，Aさんのお母さんから電話がありました。「先生，すみません。うちの子が，今日から学校に行かないというのです。熱もなく，昨日まで元気にしていたのですが。」B先生には，とくに思いあたるようなトラブルもありませんでした。放課後に家庭訪問すると，Aさんは一人

でおもちゃの電車模型を使って遊んでいました。チラっとB先生に目を向けましたが，声をかけても返事はありません。お母さんは，申し訳なさそうに話します。「Aに，学校に行きたくない理由を尋ねてみると，友だち数人に同時に話しかけられて，とても嫌だったようなのです。お友だちは，仲良くなろうと声をかけてくれたと思うので

すが。」

　B先生は，お母さんからAさんのことについて，じっくり話を聞きました。2歳ころに言葉の発達が少し遅く，呼びかけてもあまり返事をしなかったこと。視線が合いにくく，指差しがでなかったこと。**3歳児健診**で保健師さんから**発達検査**を勧められ，児童福祉センターで検査を受けたところ，言葉と社会性の発達の軽い遅れがあり，**療育教室**に2年間通ったこと。こだわりが強く，遊びがパターン的であったことや，突然の大きな音が苦手で耳をよく塞いでいたこと。年少から通っていた幼稚園も年長から行き渋り始めたために，お母さんも叱ったり褒めたり，これまで悩みながらAさんに寄り添い，育ててこられたことがわかりました。年長でもう一度発達検査を行ったところ，発達は標準的であり遅れはないといわれ，不安ではあったものの通常学級に入れることにしたそうです。また，小学校入学の直前に，子どもの発達を専門に診てくれる病院を受診し，「自閉スペクトラム症」と診断されたとのことでした。

　B先生は，明日からどうすればAさんが学校に来られるのだろうと悩みます。「自閉症」とか「アスペルガー」ならテレビ番組や本屋でみたことがあったし，**「発達障害」**は校内研修会で聞いたことがあるけれど，「自閉スペクトラム症」って何だろう？　発達の遅れはないし，お勉強もできるはずなら，どうして皆とお友だちになれないのだろう？　気が向かないと学校に来ないとか，勉強したくないとか，甘えじゃないのかしら。担任として，厳しく叱るのがいいのか，やる気が出るまで様子を見ればいいのか，どう接するのが正解なのだろう……と困ってしまいました。

　それでは，皆さんもB先生と一緒に，自閉スペクトラム症についてもう少し詳しく学んでみましょう。

2　自閉スペクトラム症とは

　自閉スペクトラム症は，注意欠如・多動症，学習障害（限局性学習症），発達性協調運動症とともに，**発達障害**を構成する代表的な疾患の一つです。子どもから大人まで，幅広い年齢層にみられます。最近の報告では，有病率は100人に1人前後といわれており，男女比は約3〜4：1，男性に多いのが特徴です。社会性の障害，社会的コミュニケーションの障害，社会的イマジネーションの

障害, といった三つの特徴があります。**感覚の異常**（敏感あるいは鈍感）がある人もいます。知的な障害を有する人から, 高い認知能力をもつ人までいますが, 先の三つの特徴があることは共通点です。それでは, それぞれの特徴を, もう少し詳しく説明しましょう。

①社会性の障害

　同じ年代の子どもたちと, 仲間関係を築くことが苦手で, 一人遊びを好んだり, 人より物に深い関心を寄せる場合があります。一方で, 人と積極的にかかわろうとするタイプの子どももいます。しかし社会的場面を汲みとれず, ふさわしくない言動で, ちょっとしたトラブルを招くこともあります。人の気持ちや状況を察するのに支援が必要で, 知らない人にも臆せず挨拶をするので礼儀正しいとほめられたり, 逆に同級生とじゃれ合ったりふざけたりの加減がわからず最後に相手を泣かせてしまう, という話も聞きます。同級生の友だちは少なくても, 自分より年長の人や年少の人とうまく遊ぶことがあります。年長者は意図を汲んで接することができますし, 小さな子どもは合わせてくれるからです。

②社会的コミュニケーションの障害

　言葉の発達では, 語彙数や構文力などには, 大きな遅れはみられません。2歳までに意味のある単語を話し, 3歳ころには「マンマたべる」などの二語文を話すことができます。しかし, 言葉の使い方の機能に課題があります。言葉を字義どおりに解釈してしまい, 文脈から理解することが難しいのです。たとえば, 皮肉や冗談, からかいなどを理解することが苦手です。話し方も, アナウンサー風（方言ではなく標準語）, アニメ調, 単調であるなど, 特徴的な場合があります。声のボリューム調整や, コミュニケーションに必要な視線の合わせ方, ジェスチャーがぎこちないこともあります。

③社会的イマジネーションの障害

　はじめて出会う人, 場所, 事柄が苦手で, 学校においては進学や, 学年・学期の変わり目に不安が高まり, 慣れるのに時間がかかります。これは, **想像力の欠如**によるもので, 見通しを持てないことに不安が人一倍強くなるからと考えられます。また, こだわりが強く, 自分のルールを曲げずに主張することもあります。好きなことにはとことんはまり, 飽きることなく収集したり調べた

り，練習したりするので，周囲に一目置かれるほどの知識や技能をもつ子ども
もいます。昆虫，恐竜，自然災害，アニメ，鉄道，特定のキャラクター，ス
ポーツ，ゲーム，プログラミングなど，子どもによって関心事は異なります。

④感覚の異常

　苦手な音，味，手触り，色などがあるために，日常生活に支障をきたすこと
があります。赤ちゃんの泣き声や，工事現場の音，音楽の授業で一斉に縦笛を
吹く音，トイレの乾燥機の音などを聴くのが耐えられず，耳を塞ぐ，部屋に入
れない，道を通れないといったことが起こることがあります。味覚や食感，見
た目への抵抗や苦痛から，**偏食**がひどくなって給食を一口も食べられない子も
います。逆に，いつもお気に入りの色や肌触りの洋服を着ていたり，大好きな
手触りのぬいぐるみをそっとカバンに入れていたりするなど，好きな感覚を身
近においておくことで安心する場合もあります。

3　支援の基本

①学校における支援の基本

　担任の先生が，接し方のお手本を示すと，周囲の生徒たちもそれを見習いま
す。ASD の生徒にわかりやすい支援は，他の生徒にとってもわかりやすい環
境につながります。担任によって，あるいは授業によって子どもの態度が大き
く異なることがあります。その場合，教室環境や教材，指導の方法の違いにヒン
トが見つかるでしょう。

（1）時間やめあての見通しが持てる工夫をしましょう

　時間の流れは目に見えず，見通しを持つのが難しいものです。カレンダー，
時間割，時計，タイマーなどでスケジュールを視覚的に示す，一日の流れはコ
ロコロ変えずになるべく一定にする，いつ終わるのかを明確に示す，といった
工夫を心がけましょう。行事の多い季節は，予定外の変更が多く，子どもたち
の登校しぶりなどの不適応が増える時期です。変更の可能性を事前に予告をし
ておくと，ある程度混乱が避けられます。担任の言葉には，情報，質問，賞賛，
提案，指示，注意，叱責など，いろいろな意味が込められていることを意識し
て，わかりやすく伝えましょう。

(2)教室の環境をわかりやすく整えましょう

　細かなところに注目して全体を見るのが苦手，物事の相互関係がつかみにくい，目に見えないことや経験していないことを想像するのが難しい，という特性があります。教室での余計な刺激を減らし，場所と活動を対応させる，物の置き場所や人の立ち位置には印をつけるなどして，教室内で期待される行動や活動をわかりやすく伝えます。板書やプリントなども，大切なポイントを色やフォントを変えることで強調する，子どもが注目しやすい席の配置にする，といったことも含まれます。

(3)コミュニケーションの理解を助け，人とのやりとりを育てましょう

　人とのやりとりは多くの情報処理が必要で，変化が多く，あいまいな状況に満ちています。大勢の子どもと一緒にいれば，友だちも自然に作れると思いがちですが，逆に孤立を深めることがあります。表情，しぐさ，雰囲気の読み取りが苦手であることが多いので，興味があり，ルールが明快でわかりやすい遊びや活動を少人数から始めてみましょう。担任の先生の接し方がお手本になることも忘れずに。

(4)感覚に配慮しましょう

　苦手な音のために学校や教室にいづらい場合は，イヤマフやノイズキャンセラーなどを使ってみましょう。急に体に触れられると痛みを感じる場合は，ひと声かけるなどの配慮が必要です。極度の偏食で給食を食べられない場合は，家庭に協力を求めることもあります。苦手な感覚への慣れは多少みられることもありますが，基本的には不快な感覚は避けるように対応しましょう。

(5)学校での問題との関連

　不登校やいじめといった学校でおこる問題の背景として，子どもの発達障害が一つの要因となっていることがあります。Aさんのように，普段の学校生活に強い不安やストレスを抱いていても，それを身近な大人に伝えることが難しければ，突然の不登校だとみなされます。人と違うユニークな考えを主張したり，集団に合わせるのが苦手な子どもは，同級生のからかいの対象となることも多く，エスカレートすればいじめになります。多様な考え方が尊重される学級づくりが大切です。

②家庭における支援の基本

　家庭でも，学校と基本的には同様の支援が有効です。しかし，家庭は生活の場であり，時間や空間の**構造化**は容易ではないかもしれません。睡眠時間も，平日と週末，長期休暇の生活リズムは異なります。学校では問題ないのに家庭でトラブルがある，あるいは逆の場合もあります。その場合は，互いを責めるのではなく，どのような場合にうまくいくのか，うまくいかないのか，情報を交換しましょう。

③ SPELL（スペル）のアプローチ

　英国自閉症協会は，ASD の子どもや大人へのかかわり方の基本として「SPELL のアプローチ」を提唱しています（National Autistic Society ホームページ）。SPELL とは，次の五つの単語の頭文字をとったものです。

・Structure：**構造化**—視覚的に分かりやすく情報を提示する
・Positive：肯定的—否定するのではなく肯定的な対応をする
・Empathy：共感—本人の不安や苦しみに共感して対応する
・Low arousal：穏やか—音・光・匂いなど強い刺激を避ける環境の提供
・Links：**連携**—支援者同士のつながりを大切に情報共有する

　多くの人たちの考える当たりまえの世界は，ASD のある人たちにとっては不安で不快な環境となる可能性を忘れがちです。ASD のある子どもへの対応に悩んだら，基本に立ち返り，この五つのアプローチ方法を思いだしてみましょう。

（小谷裕実）

〈文　献〉

Loomes, R., Hull, L., & Mandy, W.P.L. What Is the Male-to-Female Ratio in Autism Spectrum Disorder? A Systematic Review and Meta-Analysis. *J Am Acad Child Adolesc Psychiatry,* **56**(6), 466-474. 2017.

National Autistic Society. SPELL.　https://www.autism.org.uk/about/strategies /spell.aspx（2019年11月 5 日閲覧）

World Health Organization. Autism spectrum disorders. http://www.who. int/news-room/fact-sheets/details/autism-spectrum-disorders./（2019年11月 7 日閲覧）

3 発達障害②注意欠如・多動症（Attention-Deficit/Hyperactivity Disorder: ADHD）

1 Aさんのケース

　B先生は，小学3年生28人のクラスを担任しています。目下の悩みは，やんちゃでじっとしていないAさんのことです。授業では手を挙げずに発言する，席を立って他の生徒にちょっかいをかける，担任の机の引き出しを許可なくあけて物をとり出す，教室にある棒状のものを振り回すなど，いつも目が離せません。教室を飛び出すこともしばしばで，追いかけるたびに授業が進まなくなります。毎日のようにAさんに注意をしていますが，謝って反省したかと思えば，人なつこく話しかけてきます。他の子どもたちが「A～やめてよ。せんせ～，またA君が○＃してる～。」と報告にくるのも気になります。同級生と仲良く遊んでいたかと思えば，けんかになることもしばしばです。以前の担任に相談すると，昨年度までは**特別支援教育支援員**がAさんのサポートについていたため，授業であまり困ったことはなかったようです。授業が始まっても，教科書やノートを出さず，学級文庫の本を読みふけっています。人の話を真面目に聞いているようには見えませんし，ノートもきれいにとれてはいませんが，的を射た発言をすることもあり，発想もユニークです。テストではまずまずの成績をとり，逆に驚かされることがあります。しかし，参観日の日に他の保護者から，「Aさんは，どんなお子さんですか？」と尋ねられ，答えに困ってし

まいました。保護者の間でも，噂されているようです。自分のやり方がまずいのか，Aさんに問題があるのか，どうすればよいのか途方にくれてしまいました。

　B先生は，懇談会で言葉を選びながらもこのことをAさんの両親に伝えました。すると，両親から「じつは家庭でも手をやいており，一番困っているのは，宿題だ」と

語られました。家では，学校から帰るとすぐにカバンを放り投げて近所に遊び
に行ってしまい，帰ってきたかと思うとゲームに夢中になり，宿題をなかなか
やらないとのことです。鉛筆や消しゴムは次々となくしてくる。家庭向けのプ
リントは，カバンの底でくしゃくしゃになっているか学校の机に入れたままの
ことが多く，同じクラスの保護者に予定を確認しているといいます。怒ると怖
い父親に注意されると聞きますが，母親が何度言っても「後でやる」となかな
か聞き入れない様子です。どうやら，B先生だけではなく両親もきちんとさせ
たいと悩んでいるのだとわかりました。B先生は，Aさんは以前テレビの特集
番組で取り上げられていたADHDではないかと思うものの，確信がもてない
ことを保護者に言い出して良いものか迷っています。

　Aさんはなぜこのような行動をとるのか，B先生や両親はどのように対応す
ればよいのかを探るために，まずは注意欠如・多動症（ADHD）について学び
ましょう。

2　注意欠如・多動症（ADHD）とは

　江戸時代の寺子屋で，いくら注意しても「少しも従わず，甚だ以て困り入り
候」と，勝手気ままにふるまう10歳の文吉を，「これ師匠の不運なり」と嘆く
師匠の記録が残されています（市川・砂山，2006）。ADHDの特性を有する子ど
もたちが，時代を越えて教師の気がかりであったことがわかりますね。

　ADHDは，発達障害を構成する代表的な疾患です。他の発達障害，たとえば
自閉スペクトラム症や学習障害（限局性学習症）と併存することもあります。有
病率は子どもの約5％，大人の約2.5％にみられます。子どもの場合，約20人に
1人ですから，クラスに一人はADHDの生徒がいることになります（American
Psychiatric Association, 2013 髙橋・大野監訳 2014）。また，女性よりも男性に多く，
男女比は子どもでおよそ5：1（Nøvik et al., 2006），大人ではおよそ1.6：1です
（Willcutt, 2012）。年齢や発達に不つり合いの不注意，多動性，衝動性という三つ
の特徴があり，**不注意**が強いタイプ，**多動・衝動性**が強いタイプ，両方の特性が
あるタイプに分けられます。女性の場合は，主に不注意の特性を示す傾向が多い
といわれています。また，これらの行動が小学生の間までに，半年以上続いてい
ること，学校では勉強や友人関係に支障をきたしていることがあれば，ADHD

と病院などで診断を受ける可能性があります。立ち歩きなどの多動・衝動性は，年齢が高くなるにつれてある程度収まってきますが，不注意は大人になってもあまり改善しません。ではそれぞれの特徴を，詳しくみていきましょう。

①不　注　意

　たとえば，学校でのプリント学習で細かなところまで注意を払わない，不注意なミスがあるために，正しい答えを出せない。一斉に子どもたちに話しかけてもしっかり聞いていないので，ワンテンポ遅れて行動する。あるいは課題を最後までやり遂げられない。ものごとを順序立てて行うのが苦手なため，宿題が間に合わず提出できない。集中してコツコツ努力して仕上げる課題を避ける。鉛筆や消しゴム，給食袋など，学校で使う物を忘れる，なくす。人とした約束を忘れてダブルブッキングする，前に言われた注意を忘れて同じことをくり返すなど，いろいろな特徴があります。

②多動・衝動性

　授業中でもじっと座っているのが苦手で，教室を立ち歩いたり，近くの友だちに話しかけたりちょっかいをかけたりする，あるいは教室を飛び出してしまうこともあります。椅子に座っていても，体をソワソワ，もじもじさせて動いていたり，鉛筆や消しゴムなどで手遊びしたりして，よく注意を受けます。とてもおしゃべりで，まだ先生が話し終わっていないのに答えてしまったり，思ったことをすぐに口に出したりするのでトラブルになります。目新しいものにすぐに飛びつく，順番を守るのが苦手など，こちらもいろいろな行動が見られます。

3　　支援や配慮のポイント

①学校における支援の基本

　B先生は，Aさんの対応や指導に悩んでいます。じつは，この教師の気づきが支援につながる大切なきっかけになります。ADHD の子どもたちは，基本的に発達の遅れはないので，学校で集団生活を始めるまでに問題とみなされることは少ないからです。幼稚園や保育所に通い始めると，親や先生たちに注意されることが増えますが，子どもたちは何とか集団生活を送っていける場合が多く，病院や専門機関に相談することに思い及ばず，何とかして自力で対応しようと試行錯誤する傾向にあります。

　もし，B先生のように気がかりで対応に悩む子どもがいたら，まずは学校内の**特別支援教育コーディネーター**，**通級指導教室**の担当教師，特別支援学級の担任など，特別支援教育に詳しい先生に相談しましょう。一人で抱え込んでしまっては，解決の道は遠のきます。学校全体の問題として取り組むために，まずは担任から声をあげることが重要です。

　同じADHDの子どもでも，不注意の強いタイプ，多動・衝動性の強いタイプ，どちらの特性もあるタイプなど，特徴がいろいろあります。学級内では，次のような工夫が考えられます。まずは取り組めそうな方法から試してみましょう。

⑴気の散りにくい**教室環境**にしましょう

　外の景色や掲示物，人の声で気が散りやすい座席は避けましょう。一般的には前方の，窓際や廊下から離れた席を選ばれますが，いろいろ試してみると良いでしょう。同時に，黒板以外の刺激に気をとられないよう，気になる同級生，生徒の作品やプリント，飼育している動物などが視界に入らないようにします。近くに座る子どもが，同様におしゃべりでじっとしていられないタイプであれば，楽しさを共有できる可能性があるものの，トラブルに発展する危険性も高まります。席順や班行動でのメンバーに注意するのも，ポイントです。

⑵授業で集中がとぎれないための工夫をしよう

　授業の流れ・めあてを黒板に書くなど，子どもが見てわかる手がかりを残しましょう。教師の言葉には，指示する，発問する，ヒントを与える，意見をいう，注意する，ほめるなど，いろいろな機能があります。何を伝えたいかを示して話しましょう。教科書を読む，操作する，考える，書く，他の子どもと相談する，発表するなど，授業をテンポよく進めます。自分が問題を解いたあと，他の子どもたちが解けるまで席で静かに待つのは苦手です。先に課題を終わった人は，他のプリントや，読書をしてもよいなど，時間を費やすルールを作っておくのもお勧めです。休み時間は，しっかり外で遊ばせましょう。それでも授業中に立ち歩く場合は，プリントを配るなど体を動かす機会を作り，教室を出るときは「担任に行先と戻る時間を伝える」「授業の最初と最後は教室にいる」など，約束します。

⑶忘れ物，なくし物，整理整頓など

　ランドセル，給食袋，体操服，ピアニカなど，複数の物を持って学校と家を

行き来すると，忘れたりなくしたりします。ペナルティーとして学習に参加させない，取りに帰らせるなどの対応をしても，効果はないでしょう。**チェックリスト**をランドセルの内側や筆箱など目につきやすい場所に貼っておく，なるべく一つにまとめる，「置き勉」できる教材は学校に預けておく，など工夫します。プリントや答案用紙を，教室の机やカバンの中に入れたまま，保護者に渡すことを忘れていることもあります。配布した直後に，クラス全員に目の前でファイルさせると，少なくともシワシワになることは防げます。

(4)ルールを守るための工夫

　ルールを破ったとき，きつく注意する，何が何でも守らせる，といった対応では，怖い人の前でしか守らないなど効果は限定的になり，望ましい変化はみられないと思います。先生が困る行動は，困った子どもが取らざるを得なかった行動です。子どもができそうな，他の望ましい行動を提案しましょう。担任と交わした約束を，できたらほめる，認める，感謝するなどプラスに評価します。たとえば，授業中に教室から飛び出していく生徒に対し，「出て行ってはいけません。戻りなさい。お約束でしょ！」と後ろから声をかけても効果はありません。45分間じっとしているのが難しいのですから，授業の最初と最後の各5分間だけは自分のイスに座ることを約束し，達成できればほめる，ノートやカレンダーに印をつけ，少しずつ時間を延ばしていくという対応ができます。担任のかかわり方は，周囲の子どものお手本ともなります。クラスのみんながダメ出しをする学級に，子どもの居場所はありません。

②家庭における支援の基本

　基本的なかかわり方は，家族も学校の対応と同じです。家庭では，宿題，学校の準備，お稽古，遊び，食事，手伝い，入浴・洗面，就寝など，すべきことがいろいろあります。**ゲームやパソコン，テレビ**など，時間を忘れて夢中になるものがたくさんあるのも学校との違いです。時間の使い方や，段取り，コツコツ努力することは苦手です。ひとたび始めたゲームを途中で止めて宿題するのは想像以上に難しく，親の口調もだんだん険しくなります。「何度やめるように言っても，『もうちょっと』と答えてまたゲームに夢中になります。」「夜になっても寝床でこっそりゲームをしています。」という保護者の訴えはとても多いです。宿題がきちんと提出できない子ども，休み明けは朝からとても眠

そうな子どもがいたら，保護者に家での様子を尋ねてみましょう。

　そこで対応策として，パソコンやテレビ，ゲーム機が視界に入らない場所で宿題や食事をしているか，遊びを止めやすい生活の流れになっているか。そもそも，買い与える前に，わが子が衝動を抑えてゲームする時間を守れると見立てたのか（子どもとの口約束を過信してはいけません），家族みんなが守れるルールを決めたか（夜遅くから親がゲームを始めると，子どもの就寝時間は遅くなるでしょう）。ルールへの対応は家族で一貫性があるか。守れたときにはすぐに小さなごほうび（シールなど）があるか，といった視点で生活を見直します。

③病院の受診

　学校と家庭で，生活を見直し対応しても，子どもの行動に改善が見られない場合は，専門的な医療を受ける必要があるかもしれません。病院へは保護者が受診させますが，学校での様子や特徴的なエピソードをメモして保護者に渡しておき，対応のヒントなど医師から必要な情報を保護者に尋ねましょう。保護者の了解があれば病院への同行も可能です。

　ADHD の衝動性や不注意に対して，薬を処方されることがあります。**食欲低下**など，薬によっては副作用が見られることがありますので，保護者から薬の服用を開始したという情報があれば，子どもの様子をよく見ておきましょう。薬は漫然と飲むものではなく，効果がなければ薬の変更か中止が必要です。薬の効果判定に欠かせないのが，薬を飲む前後の学校や家庭での行動の変化です。そのため，保護者を通して医療機関から行動チェックリストへの記入を求められることがあります。　　　　　　　　　　　　　　　　　　　　（小谷裕実）

〈文　献〉

American Psychiatric Association 日本精神神経学会（日本語版用語監修）髙橋三郎・大野裕（監訳）『DSM-5 精神疾患の診断・統計マニュアル』医学書院，2014年。

市川寛明・石山秀和『図説 江戸の学び』河出書房新社，2006年。

Nøvik, T. S., Hervas, A., Ralston, S. J., Dalsgarrd, S., Rodringues, P. R., & Lorenzo, M. J. Influence of Gender on ADHD in Europe. *European Child & Adolescent Psychiatry*, 15, i15-i24. 2006.

Willcutt, E.G. The prevalence of DSM-IV attention-deficit/hyperactivity disorder: A meta-analytic review. *Neurotherapeutics*, 9, 490-499. 2012.

4 発達障害③学習障害（Learning Disabilities: LD）〔限局性学習症（Specific Learning Disorder: SLD）〕

1 Aさん・Bさん・Cさんのケース

①板書を写すことが難しいAさん

　文字を書くことが苦手なAさん。授業時間内に，黒板の文字をノートに写すことができません。休憩時間は，残った板書を写すことや，プリントの「お直し」で，友だちと遊ぶ時間もないのです。しかし，せっかく苦労して書いたノートも，家に帰ってから見ると，乱雑で読み取ることができないのでした。先生のお話を聞いて理解することや口頭で答えることは問題なくできるのに，文字で書き表すことが，とても難しいのです。

②音読が苦手で，覚えたはずの漢字が思い出せないBさん

　Bさんは，きれいな文字で丁寧に黒板の文字を写すことができます。でも，乱雑な文字になってしまうことも多く，「気持ちのムラがある」と言われていました。音読も苦手です。何回も読んだ文章は，読むことができるのですが，はじめて見た文章では，文字を一つずつ拾いながら読み，意味がとれません。漢字をきれいに写すことはできるので，小テストでは100点を取ることもありますが，学期末のまとめのテストになると30点。一度覚えたはずの漢字が，思い出せなくなってしまうのです。

③英単語が覚えられないCさん

　Cさんは，小学校の低学年のときには，それほど学習に問題がみられませんでした。しかし，3年生以降，漢字が苦手になり，中学校では英単語のスペリングを覚えることが非常に難しく，学習が困難になりました。理解力のある生徒なので，先生からは，「何度も書けば覚えられるはずだ。」と指導されました。でも，

ノート一冊分書いてみても，しばらくすると忘れてしまうのです。そのうち，"コツコツ書いて覚えても無駄だ"と，努力をしなくなってしまったＣさんを見た教師からは，「やればできるのに，なまけているからだ。」と厳しく指導されることになってしまいました。

　さて，以上の三人のうち，どの子が学習障害（LD）にあたるのでしょうか？　結論から言うと，それぞれ学習上の困難さは違っていますが，三人ともLD 診断につながった子どもたちです。「気持ちのムラ」があるのではなく，「LD のため，過剰にがんばらなければ書けない」と理解してはじめて，本来の支援が始まります。

　不登校の背景に，LD が隠れていることもあります。"学校で学習していないから漢字が書けない"と誤解されやすいですが，文字の習得が困難なことが，不登校の要因の一つになっていることもあるのです。

　しかし，似たような学習の問題がある子どもが，すべて LD なのではありません。知的な遅れや，注意の集中が困難な ADHD 傾向があることが要因になっている場合は LD とは言えず，また別の配慮が必要となります。もちろん，ADHD と LD が併存している場合もよくみられます。

　診断があってもなくても，特別な支援や学習への配慮が必要なことは変わりませんが，学習困難の背景をとらえ，どういう指導が必要なのか，一人ひとりにオーダーメイドの支援をするためには，まずは，教師がしっかり知識を持ち，子どものアセスメントをすることが大切です。

2　学習障害（LD）とは

　LD とは，知的な遅れや他の障害がなく，教育環境にも本人の努力にも問題がないにもかかわらず，「読み書き」や「計算」などに学習の遅れがみられる状態を指します。知的な理解力はあるので，話しただけではわからないのですが，なぜか勉強ができないので，本人の努力不足と誤解されることも少なくない「みえにくい障害」です。

　文部科学省（1999）の定義では，「聞く」「話す」「読む」「書く」「計算する」「推論する」能力のうち，特定のものの習得と使用にいちじるしい困難を示す様々な状態であり，おおむね 2 学年以上の学習の遅れがあるとされています。

　LD は，中枢神経系に何らかの機能障害があるとされていますが，専門家の間でも，まだ障害概念が十分に深められていません。LD のうち，もっとも知られていて研究も進んでいるのが「限局性読み書き障害」です。「限局性」（specific）がつくのは，知的な遅れによる読み書き困難と区別するためです。また，算数障害もよくみられます。

①限局性読み書き障害

　限局性読み書き障害は，音韻意識，流暢性，ワーキ.ングメモリ，視覚認知という四つの要素からとらえられています。

音韻意識

　音韻意識とは，窪島（2019）によると「単語を基本的単位として，単語を構成する**音韻的要素（モーラ）**を意識的に，さまざまに操作すること」と定義されています。日本語では，モーラ（拍）を単位とする音韻意識の発達が，ひらがなの学習の基礎となっているのです。たとえば，「みかん」は3モーラ（拍），「パイナップル」は6モーラ（拍）になります。「ッ」で表記する詰まる音も，一拍と数えます。音韻意識は，通常は生活の中で自然に育ち，小学校入学以前に，しりとり遊び（音韻の抽出を含む遊び），反対言葉遊び（逆唱）等，生活の中の遊びによって育てられます。文字を学習することで，音韻意識がさらに発達していき，「ぎゅうにゅう」など，**特殊音節の表記**がスムーズにできるようになっていきますが，LD のある子どもには，この音韻意識の弱さがみられます。

流　暢　性

　文字を一文字ずつ正確に読むことができても，単語のまとまりとして読めなければ，意味をとらえることができません。学習場面で，読みながら意味をとらえるためには，処理速度を含む流暢性が非常に大切になります。

ワーキングメモリ

　読み書きには，作業や動作に必要な情報を一時的に記憶，処理する能力が必要です。いわば頭の中のメモ帳です。知能検査の一つである WISC-Ⅳ のプロフィールをみると，LD のある子どものワーキングメモリの弱さが際立つことがよく見られます。ただし，ワーキングメモリに問題がないのに，読み書き障害があるという子どももいます。

視覚認知

位置や空間をとらえる力や見た形を頭にイメージする力等，視覚認知の力は，学習を行う上で重要な役割を担っています。とくに漢字の書きに関しては，視覚認知の力が強くかかわっています。

②算数障害

熊谷（2016）によると，「**数処理，数概念，計算，数的推論**という四つの領域が知的能力から期待されるレベルよりも著しく劣るもの」と定義されています。ただし算数は，積み重ねの学習という側面がありますので，学習障害，算数障害でなくても算数の学習能力が低い場合もあります。とくに，知的な発達水準が知的障害との境界域にある場合には，算数の学習が困難なことが多いです。

また，数の概念があり，計算もできるのに文章題だけが難しいという場合も，算数障害以外の理由から困難さにつながっていることもあります。たとえば，読み書き障害があるため，文字から文章の意味がとれなかったり，自閉スペクトラム症の場合は，読み取った内容を算数の知識と統合することが難しいため，文章題が苦手になったりすることもあります。

③診断評価や検査

現在，日本では確立された診断評価法はなく，医療機関や研究機関で，いくつかの検査を組み合わせ，また実際の学習場面で，どういう困難さがあるのかをみながら，診断されています。

まずは，知的な遅れがないことや認知のバランスを確認（WISC 知能検査，K式発達検査等）した上で，**読み書きスクリーニング検査**を実施します（URAWSS，URAWSS-English，STRAW 等）。視覚認知能力（WAVES），文字や記号から音にスムーズに変換する能力（RAN），および語彙力，学習の習得度を確認（K-ABC Ⅱ）する必要がある場合もあります。

また，iPad を利用したアセスメントツール **LD-SKAIP**（Screening Kit for Academic Intervention Program），アセスメントから指導モデルまでを一体化させた **MIM**（Multilayer Instruction Model）も活用されています。

いずれにしても，検査から LD への支援方法が安易に導き出されるのものではなく，子どもの全体像をアセスメントすることで，教師が一人ひとりに合っ

た支援方法を試行錯誤しながら工夫していくことが必要です。

3　支援や配慮のポイント

①たくさん書かせないこと

　LD があると，通常の「書いて覚える」方法，「何度も繰り返し練習する」という方法では，習得が難しいです。読み書きが難しいと「もっと書く量を増やして繰り返し練習させなければ」となってしまい，反覆練習の塾に通わせるケースもあります。しかし，たとえ多くの子どもには効果があるやり方であっても，LD がある子どもには，うまくいきません。覚えたはずの漢字なのに，線が一本多くなったり，書くたびに少し違う文字になったりすることもあります。書けば書くほど，漢字の形がくずれてきて，結局，一つ目に書いた文字が一番正確だったということも，よくみられることです。「LD のある子どもには，たくさん書かせないこと」これが，一番大切な配慮です。

②自己認知を大切に支援する

　それでは，LD のある子どもに，どういう指導をすればよいのでしょうか。小学校の通級指導教室でも，一人ひとりに合わせて，個別の指導が積み上げられています。ある子どもは，「漢字九九」を使って，語呂合わせのように漢字を覚えることに取り組みました。たとえば，「ノケノケ，大きな貝だ，質がいい。」これは，「質」という漢字を覚えるときの「漢字九九」です。どういう意味で使うのかも，わかりやすく四コマ漫画で示したものも市販されています。

　iPad のアプリ「書き取り漢字練習」等，タブレットを活用することも，紙に書く抵抗を減らし，子どもの興味をひきながら学習を進めることができます。一人ひとり，その子の興味のあることに合わせて，実践現場では，様々な指導方法が活用されているでしょう。できれば週に１時間だけでなく，毎日１時間，あるいは週に３〜４時間，個に合わせた指導が受けられるのが理想的です。

　しかし，一番大切なのは，本人の「自分に合ったやり方に変えたい。」という思いです。ノートにたくさん書くよりも，１回でよいので意味を考えながら書くようにと指導しても，「みんなと同じように，ノートの端まで書きたい。」「タブレットを使用するのは，勉強ができない子だ。勉強ができるように手書きをしたい。」と，自分に合った方法を拒否してしまう子どももいます。支援

や配慮を受けることは，ダメな自分を突きつけられる思いなのです。

　筆者が出会った中一の生徒は，学年の先生方による理解ある指導で，自分の読み書きの苦手さを前向きに受け入れることができ，個別の配慮につながりました。理科や社会のテストで，"漢字の間違いがあっても，ひらがなで回答しても減点しない"という対応もしてもらいました。すると彼の学習意欲はぐんと上がり，逆に「漢字で書きたい。」と努力するようになったのです。教師から理解してもらったことで，彼の自尊心と安心感は回復され，**自己認知**が進みました。そして何より，「LD に対して配慮のある高校に行きたい！」という将来への希望が，彼の学習意欲を引き出したのでした。はじめは「テストのとき，漢字を書かせなくてよいのか？」という批判的な教師の声もありました。全教科の担任が一致できるまで，何度も彼への支援のあり方を話し合った教師集団の力が，彼の自己認知を高め，進路を拓くことにつながったのです。

③合理的配慮

　このように学校現場では，LD に対する合理的配慮が進んできています。

　2016年4月からは，障害のある生徒の個別のニーズに合わせた合理的配慮の提供を義務化する**障害者差別解消法**が施行されました。高校受験や大学受験でも，問題文の読み上げや漢字のルビふり等，一人ひとりの障害に必要な配慮が受けられるケースが増えてきています。しかし通常学級という集団の中で，どこまで個別の配慮ができるのか，とくに**ICT を活用した支援**については，必要性は理解されても，実際の教室に導入するにはクリアするべき課題がたくさんあり，なかなか進みにくいのが現状かもしれません。

（玉村総枝）

〈文　献〉

窪島務『発達障害の教育学』文理閣，2019年。
熊谷恵子「算数障害とは」『こころの科学』第187号，2016年。
文部科学省「学習障害児に対する指導について（報告）」1999年7月。
特別支援の漢字教材「唱えて覚える漢字九九シート」学研。
宇野彰「発達性読み書き障害とは」『こころの科学』第187号，2016年。

5 発達障害④発達性協調運動症 （Developmental Coordination Disorder: DCD）

1 Aさんのケース

　10月のある日の朝，いつも元気な3年1組のAさんのお母さんから担任のB先生のところに電話がかかってきました。「おはようございます。Aが昨日の晩から"学校をやめる！"と言い張り，朝も"学校には行かない！"と大泣きしていて登校できそうにありません。こんなことは今までなかったので何かあったのでしょうか。とりあえず今日は休ませてゆっくり話を聞こうと思います。」という電話でした。先生も急なことで驚き，その日の放課後に家庭訪問をして話を聞くことにしました。先生は4月からこれまでのAさんの様子について振り返り，Aさんに何が起こったのかを考えました。

　授業中はいつも先生の話を熱心に聞き，積極的に発言していました。リーダーシップもあり，コミュニケーション能力も高くクラスでも人気者です。学習内容の理解力も高く，成績は優秀でした。

　先生は，Aさんが学校生活の中で困っていたことは何かを考えているうちに，ふと，あることを思い出しました。給食で飲み終わった牛乳パックを折りたたむことを「面倒だからやって」と近くの友だちにいつもやってもらっていまし

た。他にも，お箸や鉛筆を握り持ちで操作していたこと，字を書くことにとても時間がかかっていたこと，定規で線を引くときにやりにくそうにしていたことや，給食当番でスープを入れることにとても時間がかかっていたことを思い出しました。いつもは積極的なAさんが体育の授業では目立たず，消極的だったことやクラスの友だちが外でドッジボールをしにいくときは「図書室に行くから」といっ

てよく断っていたことも思い出しました。「もしかして……」と思い，先生は前の日の時間割を見直し，体育でハンドベースをしたことやそこで起こった出来事に原因があるのではないかと考えました。

　その日の夕方，先生はＡさんの家に向かいました。Ａさんのお母さんはこう話しました。「朝もずっとふさぎ込んでいて，なかなか理由を話してくれなかったのですが，昨日の体育でハンドベースをしたときにお友だちに責められたのが嫌だったそうです。絶対に取れるだろうというボールをＡがキャッチできなかったために逆転されて，お友だちから"あそこで捕っていたら勝てたのに""Ａくんって運動神経悪いよね"と言われたそうです。じつは，Ａは赤ちゃんのころから運動の発達が少し遅く，５歳になっても両足ジャンプがぎこちなかったことやケンケンができなかったことから，保健センターの医師に発達性協調運動症の可能性を指摘されたことがあります。ボール遊びはもちろん，縄跳びや跳び箱もすごく苦手です。手先もすごく不器用です。３年生からノートのマス目が小さくなり，そこに字をおさめるために，通常なら10分で終わる宿題に１時間以上かけています。リコーダーのテストがある前の週から毎日１時間近く必死で練習して何とかクリアしている状態です。小さいころからとても頑張り屋さんで何とかみんなに追いついていたのですが，最近は"どれだけやってもみんなのようにうまくできない自分"にいらだっているようにも見えました。私はＢ先生にも相談しようと思ったのですが，"先生にできない子と思われたくないから秘密にして"とＡが嫌がったので，今まで相談できなくて……」とお母さんは少し疲れた表情で話しました。

　先生はお母さんの話を聞いて，学校で見せていたＡさんの姿は家庭での相当な努力の結果であったこと，毎日どんな気持ちで学校に来ていたのだろうか，できない自分をいつみんなに知られるか，いつもビクビクしていたのではないか，とＡさんの努力と苦労に気づけなかったことを後悔しました。そして，「発達性協調運動症って何だろう。自分は教師として何ができるだろう」と考え，学校に戻り調べてみることにしました。

2　発達性協調運動症とは

　発達性協調運動症は自閉スペクトラム症や注意欠如・多動症，学習障害（限

局性学習症）とともに発達障害に属する疾患の一つです。

　5〜11歳の子どもにおける発達性協調運動症の有病率は5〜6％とされています（宮原，2017）。1クラス30人の学級に2人ほどの割合で，比較的身近な症状（障害）であるといえます。発達性協調運動症のある子どもは「不器用」「運動神経が悪い」というように表現されることが多くあります。Aさんのケースでも「運動が苦手で不器用な子」といった印象を受けますが，そういった症状のある子どもに対して，医学的診断をつけるとするならば発達性協調運動症が当てはまる，ということになります。

　「発達性協調運動症」という言葉を聞いて，「協調運動とはどんな運動か」「何か特殊な運動障害なのか」と疑問をもたれるかもしれません。発達性協調運動症は Developmental Coordination Disorder という英語の頭文字から DCD とも呼ばれます。coordination（コーディネーション）という言葉は，ファッションについて"服装，アクセサリーなどの色，柄，形，材質などを適切に組み合わせ，全体としての調和をとること"として一般的に使われている言葉です。つまり発達性協調運動症は"身体の各部位（手・足など）の動きをタイミングよく，なめらかに組み合わせ，全体として調和のとれたまとまりのある動きをすること"が難しい状態ということになります。

　縄跳びを例に考えてみましょう。手は縄を回し，足はジャンプするといった別々の動きをしますし，手と足の動きのタイミングが重要です。そして，連続で何度も跳ぶためには，縄を回す手の動きもジャンプする足の動きも，どちらもなめらかでないといけません。縄跳びのような**粗大運動**（身体全体の大きな運動）のほかにも**微細運動**（指先を使う細かな運動）に苦手さを持つ子どもも多くいますし，両方が苦手な子どもも多くいます。

　発達性協調運動症は，①先に述べたような運動技能に問題があること，②運動技能の問題のために日常生活にも影響をきたしていること，③運動の問題が幼少期からみられること，④運動の問題が他の障害によるものではないこと，という4つの条件がそろって診断されます。

　私たちは，赤ちゃんのころから様々な感覚情報をもとに寝返りや這い這い，つかまり立ち，一人歩き，ジャンプなど，段階的に運動機能を発達させています。新しい複雑な運動レベルに進むためには，それまでに作り上げてきた安定

した土台がないと上達していきません。発達性協調運動症をもつ子どもは，乳幼児期からその土台の発達がゆっくりだったり，質が悪かったりして，土台自体が安定していないために，より複雑で協調的な運動に苦手さが生じることが多いのです。

3　学齢期にみられる発達性協調運動症の特徴

①学校でよくみられる発達性協調運動症の症状について

　よくある困りごととして以下のようなものが挙げられます。

・同じ姿勢を長時間保ちにくい

・字が雑，マス目に字が収まらない，筆圧が弱い・強い

・はさみや定規，コンパスがうまく使えない

・体育：縄跳び，鉄棒，跳び箱，マット運動，球技，ダンスが苦手

・音楽：楽器の操作が苦手，リズムやテンポが合わせにくい

・図工：カッターナイフ・彫刻刀がうまく使えない

　　　　絵の具やクレヨンで色を塗るときによくはみ出す

・給食：配膳のときによくこぼす，両手が使いにくい，箸が使いにくい

・掃除：雑巾がしっかり絞れない，箒の使い方が下手

・その他：休み時間に鬼ごっこや球技など身体を使う集団遊びに入れない　子どもによって困難さが見られる活動の種類や程度も様々です。上の例に挙げた活動の多くは，左右の手足の動きや指先の動きをタイミングよく組み合わせて動かすことが求められる活動・作業であることが分かります。また，「できないわけではないが，時間がかかる」という状態にも注目する必要があります。なぜなら，時間がかかるということは，効率のよいやり方（うまく協調させたやり方）ではない可能性があるからです。

　また，ある特定の運動技能については練習や特訓によって獲得できている場合もあります。たとえば，体操教室に通っていて跳び箱を特訓していると，跳び箱については得意な場合もあります。大人は「跳び箱がうまく跳べるから運動機能に問題はないはず」と考え，他の苦手なことにおいても何度も練習させることがあります。しかし，跳び箱の跳び方については「身体の動きの組み立て方を知っている」というだけで，他の活動場面ではその組み立て方が活かさ

れないことが，発達性協調運動症のある子どもの抱える難しさだと考えます。

②子どもの心理・情緒的側面に与える影響

　Ａさんのように発達性協調運動症のある子どもは，何度練習してもできない運動課題があったり，人前で失敗したり，競技では自分の失敗が負ける原因になることもあります。できないことが多いと，周囲の大人から指導や叱責を受ける機会が多くなります。そういったことの繰り返しの中で劣等感を募らせ，「自分はできない人間だ」と自信を失いやすい傾向にあります。苦手な運動を含む活動を回避するようになったり，課題に取り組ませようとするとかんしゃくを起こしたり，いつ失敗するかわからないことに対して不安でイライラしやすかったり，二次的な問題に発展する場合もあります。

　学校では，国語や算数のテストの結果を廊下に張り出すことはないと思いますが，習字・絵・作品は廊下や教室に掲示されています。また体育や運動会などでも人前で自分の運動を披露する機会が多くあります。大人はよかれと思って子どもの成果を人前で披露させますが，発達性協調運動症の子どもにとっては「できない自分を披露する機会」になり，強いストレスを受けている可能性があることも理解しておきたいポイントです。

4　支援や配慮のポイント

　支援の大前提として，発達性協調運動症をもつ子どもの難しさは怠惰や練習不足によるものではありません。「なんでできないの？」「練習量が足りない」と叱責することや，できないからといって課題量を増やすことは子どもによりいっそう劣等感や負担感を与え，自信を低下させてしまいます。誰よりも困っている子ども自身の苦労を理解し，やりやすくなる方法を一緒に考えていく，というように，子どもに寄り添いながら支援していくことが何よりも大切です。

　支援のポイントとして①環境調整と②子ども自身への支援の２通りを紹介します。①環境調整とは，子どもが今もっている能力で課題を行えるように，環境（課題そのものや人的環境，教室，使う道具等）を調整し，ストレスを軽減し，達成感を感じやすくすることです。②子ども自身への支援とは，子どもの能力そのものを底上げし，課題をやりやすくしていく支援です。どちらの支援も「発達性協調運動症をもつ子どもだからこうすればよい」といったものではな

く，子どもの困りごとを丁寧に観察（どの工程がどのように難しいのか）・聴取（子ども自身はどうやりにくいと思っているのか）し，子ども自身と相談しながら一緒に考えることが望ましいです。例を挙げて説明します。

⑴環境調整による支援

［課題の量やゴールを子どもに応じて調整する］

例）・ノートやプリント，解答欄を拡大し文字が収まりやすくする

　　・宿題の量（漢字を書く量など）の調整

　　・板書を写真で撮ることを許可する

　　・到達目標を細かく設定し，小さな成功でも達成感を持てるようにする

［使う道具を工夫する］

例）・滑り止めのついた定規や腕全体の動きで書けるコンパス，握りやすい鉛
　　　筆グリップなどを使用する

　　・リコーダーの穴がふさぎやすいように指にパッドなどを貼る

⑵子ども自身への支援

　苦手な課題・作業があるときに，どの部分でつまずいているのかを観察・聴取します。たとえば，縄跳びなら両足でリズムよく跳べるのか，縄自体をスムーズに回すことができるのかといったところを見ていきます。そこで縄を回すことが難しければ，子どもが楽しいと思える設定の中でその動きを練習していきます。

　発達性協調運動症に携わる専門職として，理学療法士や作業療法士があります。そういった専門家とつながることで子どもに合った運動や課題の選択について助言を得ることも可能です。

（白石純子）

〈文　献〉

宮原資英『発達性協調運動障害――親と専門家のためのガイド』スペクトラム出
　　版社，2017年。

カーツ，L. A. 著，七木田敦・増田貴人・澤江幸則監訳『不器用のある発達障害
　　の子どもたち　運動スキルの支援のためのガイドブック』東京書籍，2012年。

コラム2　私はみんなとちがう

　私はみんなと少し違っています。たとえばじっとするのが苦手だったりごちゃごちゃしているところが嫌いだったり，大きい音に恐怖を感じたりします。触られるのも苦手です。逆に回るのや，ぴょんぴょん跳ねるのは好きです。

　保育園では気にしたことはありませんでしたが，小学校に入ってからはとても困りました。その一つは，集団登校のときに手をつながれることでした。多くの人は手をつないでもらうと安心すると思うのですが，私は誰にも触ってほしくないので，まったくうれしくありませんでした。二つめは椅子の音と人の声です。多くの人はとくに何も感じないと思いますが，私はすごく不安になったり怖くなったりしました。三つめは授業中たくさんの人たちとじっとして話を聞かなくちゃいけないことです。私は我慢できなくて一人で外をうろうろしていました。四つめは宿題です。宿題が嫌いだという人は多いと思いますが，2時間も3時間もかかることはないと思います。私は1枚のプリントを終わらせるだけで大暴れをし，お母さんにも迷惑をかけたようです。

　しばらくして，私は学校がとても苦手な場所になり，集団登校ができなくなったときがありました。みんなは靴箱の所まできて私の荷物を取って行きました（みんなの気持としては，私のために持って行ってくれたのだということは今ならわかります）。手をつないでくることもとてもいやでした。多くの人にとってそれはうれしいことなのだろうと，今はわかります。

　お母さんは私のことについていろいろ勉強をしてみんなに話してくれました。先生も友だちも私が大きな音が苦手なことや少し変わった私の特徴をわかってくれました。周りの人に理解してもらえたらすごく楽になりました。

　私は今高校1年生です。入学直後は私の特徴をなかなか理解してもらえず苦労しましたが，どんなことで困っているかを根気よく伝えることでずいぶん楽に学べるようになりました。自分で伝えることができ，自信もつきました。

　今は理解してもらうだけではなく，私自身がいろいろな人のことを理解する努力をしなければならないと思っています。

（高校生A）

第 3 章

特別なニーズのある子どもの理解⑵
他の障害とその他のニーズ

1 視覚障害

1 Aさんのケース

　Aさんは通常学級に在籍する小学1年生です。就学時の資料には，先天性無虹彩症および黄斑低形成による視覚障害と記載されています。視力は右目0.1，左目0.08，光を非常にまぶしく感じるため遮光眼鏡を着用しています。担任は板書が見えるのか，校内での移動に問題はないのか等の不安を感じ，授業中や休み時間の様子をていねいに観察することにしました。

　入学当初はトイレをはじめ校内での移動に戸惑いがあるように見えましたが，学校生活に慣れるにつれ，一人で自由に移動できるようになってきました。一方，休み時間に校庭へ飛び出す友だちの動きについて行けず出遅れてしまうと，大勢の児童の中から友だちを見つけることは難しいようです。

　また，学習面では，教室の最前列中央に座っていますが，あまり黒板を見ようとしません。読み書きするときは，教科書やノートに目をこすりつけるようにして見るため，姿勢が崩れ首や背骨に負担がかかっているようです。図工等では，道具の出し入れや作業に時間がかかり，授業時間内に作品を完成させることが難しく，担任が手伝うことが多くなっています。

　担任には視覚障害についての専門的知識がありません。Aさんの指導・支援については，専門機関との連携および学校全体での支援を希望しています。

　このようなケースでは，子どもの見え方を正確に把握することが支援の第一歩です。眼疾患や視機能に関する情報を集めるとともに，子どもの話をよく聞き，活動の様子を観察しながら，

見え方の理解を深めていきます。先天的に見えにくさのある子どもは、「はっきり見える」ということがわかりにくく、「見えますか」と問われると、ぼんやりとしか見えていなくても「見えます」と答えてしまいがちであることにも留意します。次の項では、視覚障害について、視機能と眼疾患を中心に整理しましょう。

2　視覚障害とは

　視覚障害とは、視力や視野などの視機能が十分でないために、まったく見えなかったり（全盲）、見えにくかったりする（弱視）状態をいいます。視機能低下が一時的であったり、眼鏡等による矯正で十分な視力が得られたりする場合、視覚障害とは言いません。また、弱視といっても、見えにくさの原因となる視機能の状態が個々人により異なることから、視力0.1の弱視の子どもが3人いれば、その見え方は三者三様です。

　視覚障害になると、学習や生活に支障をきたします。学習面では、動作の模倣、文字の読み書き、事物の確認の困難等があります。また、生活面では移動の困難、相手の表情等がわかりづらいことによるコミュニケーションの困難等があります。

①視機能障害について

視　　　力

　視覚障害のうち、教育的な立場からもっとも問題になるのは視力障害です。一般的に矯正視力が0.3程度まで低下すると、黒板や教科書の文字、図等を見るのに支障をきたします。視力には、5mの視距離で測定する「遠見視力」と30cmの視距離で測定する「近見視力」がありますが、前者は遠方の情報、後者は机上の情報がどれぐらい見えているかを把握するのに測定します。

　また、教育的な観点から、**最大視認力**（近距離単独視標で識別できる最小の視標とそのときの視距離を示したもの）を測定します。弱視児の中には、対象物に目を近づけて見ると、かなり小さい文字でも認識できる場合があり、実用的な見え方を把握するのに最大視認力が参考になります。右目で、2cmの視距離で、0.5の視標が見えた場合、「MAX.0.5（2cm, 右）」と表記します。

視　　野

　視野障害には「視野狭窄（きょうさく）」「視野欠損」「中心暗点（視野の中心部が見えない）」があります。たとえば，「求心性視野狭窄」では，周囲から徐々に視野が狭くなり，残った視野が中心部10度以内（30cm の距離で直径 5 cm の円の範囲が見える）になると，視力低下がなくても歩行や周囲の状況把握がいちじるしく困難になります。「中心暗点」の場合，周辺は見えますが，中心部が見えないので視力が低下し，文字の読み書き等に支障が出てきます。

光　　覚

　光覚障害には，暗順応障害（うす暗い光の中で目が慣れるのにいちじるしく時間がかかる，夜盲）と，明順応障害（明るいところで目が慣れにくく見えにくい状態，昼盲）があります。また，通常の光でもまぶしさを強く感じる現象を羞明（しゅうめい）といいます。

②眼疾患について

　視覚に障害のある子どもの支援や配慮について検討する際，障害の原因となる眼疾患について理解を深め，病気の発症年齢や経過，進行性の疾患かどうか等を把握しておくことが重要です。眼疾患名から，視力障害の程度や視野障害の可能性，羞明の有無などを推測できます。また，明るさへの配慮や運動制限，教室内の座席の位置，拡大教材の必要性等，基本的な指導上の配慮事項をある程度予測することも可能です。子どもの視覚障害の実態を把握する上で，眼科医との連携は必須です。主な眼疾患として，小眼球，虹彩欠損，網膜色素変性症，未熟児網膜症，緑内障，視神経萎縮，先天性白内障等があります。

3　支援や配慮のポイント

　ここからは，Aさんのケースをもとに，とくに弱視児への支援や配慮について検討します。

　Aさんの眼疾患は先天性無虹彩症と黄斑低形成です。虹彩は目の中に入る光量を調節する部分，黄斑は網膜の中心にありそこにピントを合わせると高い視力が得られる部分です。その黄斑部の形成不全と無虹彩により，視力不良と羞明のあることがわかります。Aさんの最大視認力を測定してもらったところ，MAX.0.4（2 cm，右）という結果でした（新聞を読むためには，最大視認力が0.5

図3-1-1　書見台（チェインジング
　　　　　ボード：株式会社アシス
　　　　　ト）

図3-1-2　拡大読書器（トパーズH
　　　　　Dアドバンス：株式会社
　　　　　インサイト）

程度は必要）。また，低視力ですが移動には大きな困難が見られないことから，視野についてはとくに問題がないものと考えられます。

①移動・空間把握に関する支援

　視覚障害者が不自由に感じることの一つに移動や空間把握の困難を挙げることができます。入学当初のAさんは慣れない校舎内の移動に不安を感じていたようですが，環境把握が進むと一人で自由に移動できるようになりました。視覚障害児は慣れた環境ではその活動能力を十分に発揮できても，未知の環境では活動を制限されてしまいます。今後，校外学習等により初めての場所で活動する際には，Aさんの移動時の安全確保や主体的な活動の保障のために，活動地域，場所，事物等について，事前学習を十分に行うことが大切です。

②文字の読み書きに関する支援

　低視力のAさんは，教科書やノートに顔を非常に近づけて読み書きしています。指導者は学習効率（**読速度や疲労度**）を考慮しながら最適な文字サイズを調べて拡大教科書を選定したり，必要な**視覚補助具**（ルーペ，拡大読書器，タブレット端末等）の使用を検討したりすることが必要です。身体や目への負担軽減のためには，斜面机や書見台の活用が有効です。また，まぶしさの軽減に，拡大読書器の白黒反転機能の活用も効果的かもしれません。

③授業における支援

　Aさんは教室の最前列に座っていますが，板書がよく見えていないようです。板書では，図と地のコントラストに注意して，白や黄色のチョークを使い，文字の大きさや板書の量も調整します。何より，読み上げながら黒板に書くことは非常に有効な支援となります。また，Aさんに対しては，遠くを見る道具として単眼鏡の使い方を指導することが必要なようです。慣れれば，簡便に遠くのものを確認できるようになり，主体的な活動につながります。

　図工等の作業を伴う授業では，作業を始める前に，作業内容，手順，準備物，道具類の配置等についてていねいに説明し，活動全体に見通しを持たせることが大切です。説明する際，「こそあど」の指示語や身振りはわかりにくいので，具体的な言葉で表現します。弱視児は模倣が難しいことや一つひとつの動作に時間がかかることを，指導者は十分に理解しておかなければなりません。

　弱視児が教科学習の中で困難を感じやすい分野に，社会の地図学習，算数・数学の作図・測定，国語の漢字学習，体育等があります。たとえば地図学習では，いろいろな要素が混在する地図の中から必要な情報を読み取ることや，海岸線や地形，国境等が細かく描写されている地図を見て全体像をつかむことの難しさを挙げることができます。また，作図・測定の学習では，細かい目盛りの読み取りや，線分の始点・終点，あるいは図形の全体像をとらえることの難しさがあります。いずれも細かい情報の読み取り，高度な目と手の協応動作，動きの模倣等，弱視児が苦手とするスキルが求められます。個々の見え方に配慮した教材を工夫するとともに，実際の指導内容や指導方法が，教科の「目標」の本質を踏まえたものになっているかどうかという観点で検討することが大切です。

④自立活動について

　弱視児が学ぶ専門的教育の場として，**特別支援学校（視覚障害）**や**弱視特別支援学級**，**弱視通級指導教室**があります。これらの教育の場では，「自立活動」という指導領域が設定されています。

　先に，障害のある児童が他の児童と平等に教育を受けられるよう，障害のある個々の児童に対して，学校が行う必要かつ適当な変更・調整という配慮（合理的配慮）の視点から具体例を提示してきました。一方，弱視児が見えにくい

という困難を主体的に改善・克服できるよう，知識，技能，態度および習慣を養うことを目的に指導するのが「自立活動」です。指導者による支援や配慮においても，「自立活動」においても，きめ細かな実態把握と個に応じた対応を基盤にするという共通点はありますが，それぞれの目的は異なることを理解することが大切です。

　Aさんは通常学級で学ぶ弱視児ですが，「自立活動」の観点を踏まえ，指導内容を検討し，系統的に指導する必要があることを押さえておきましょう。

4　視覚に障害のある子どもの指導・支援を行うにあたって

　視覚に障害のある子どもの数は少なく，その在籍校は広域に点在しています。視覚障害教育に携わった教員の人事異動や障害のある子どもの卒業により，せっかくの教育実践を引き継ぐことが難しくなるという課題があります。

　各都道府県には，盲学校等（特別支援学校（視覚障害））がおおむね1校設置されており，それぞれが視覚障害教育の拠点となっています。各校とも地域支援センター等を設置し，小・中学校等に対する支援を行う**センター的機能**の発揮に努めています。多岐にわたる相談内容（視機能評価，学習環境の整備，学習上の配慮事項，指導内容や方法，教材教具の貸出し，個別の教育支援計画，教職員向け研修会，視覚障害理解教育等）に対応するため，盲学校全体で支援を推進するしくみを整えるとともに，点在する子どもを集めて集団で活動したり，指導者間の実践交流を行ったりする取組も進めています。

　学校全体で視覚障害を理解し，支援体制を整え，見通しのある指導・支援を行うために，センター的機能を積極的に活用することが大切です。

（山下融子）

〈文　献〉

青木隆一・神尾裕治監修，全国盲学校長会編著『新訂版 視覚障害教育入門Q&A』ジアース教育新社，2018年。

文部科学省 「教育資料」2013年。

文部科学省 「特別支援学校教育要領・学習指導要領解説　自立活動編（幼稚部・小学部・中学部）」2018年。

鳥山由子編著『視覚障害指導法の理論と実際』ジアース教育新社，2007年。

2　聴覚障害

1　Aさんのケース

　小学校4年1組の新任のB先生はクラスを行事でまとめようと考え，運動会の話し合い活動を実施しました。春の運動会では誰がどの種目に参加するかを子どもたちの話し合いで決めることで主体的・対話的で深い学びにつなげたいと思っています。様子を見ていると各班とも活発な意見交流をしているようです。B先生は安心して子どもたちに全てを委ねることとしました。

　ところが，その夜に担任をしているAさんのお母さんから電話がありました。「娘が『運動会に出たくない。』と，家に帰ってから泣き始めて困っています。何かあったのですか。」とお母さんからお尋ねがありました。B先生は朝からのAさんの様子を振り返ってみました。「席は前の方にしているし，目を輝かせて真剣に私の顔を見て授業を受けてくれている……。」

　思い当たるのは，やはり運動会の話し合いでした。日ごろの授業は子どもたちは静かに授業を受けられるクラスで，発言のときはしっかりと手を挙げて，指名を受けたら立って，はっきりと答えるという授業態度ができており，Aさんはいつも発言している友だちの方を食い入るように見て授業を受けており，

とくに問題は感じることはありませんでした。しかし，運動会の話し合いはグループで話をすることとしたためにどんどん話は盛り上がって，誰が発言しているのかわからない状況になりました。それでもAさんは終始笑顔で座っていました。

　さっそく，B先生は家庭訪問をしてAさんに聞いてみました。そうすると，「みんなに悪いからニコニコしていた。

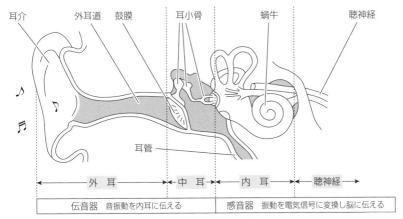

図3-2-1　耳の構造

（出所）京都府聴覚支援センター「聴覚障害理解啓発冊子」

話は，全然ついていけずに，ずっと内容がわからなかった。話し合いのときひとりボッチでいるみたいに感じた」と涙ながらにＡさんが話してくれました。

　Ｂ先生は，お母さんに「申し訳ありませんでした。いつもＡさんがニコニコしているので，よく聞こえているとばかり思っていました。」と話をすると，お母さんは，「そうなんです，周りには気を遣ってニコニコしていますが，難聴のために授業では聞き漏らすことが多いので，一生懸命相手の口を見て，必死についていこうとしています。さすがに今日は話し合いに疲れたようです。」と言いました。Ｂ先生は，Ａさんが日ごろからどれほど頑張っているかということに思いを馳せるとともに，今日の話し合いがＡさんにとって辛い時間だったんだということを知ることとなりました。

2　聴覚障害とは

　「**聴覚障害**」とは聞こえにくい状態を表す言葉で，「**難聴**」と同義語です。感音性難聴と伝音性難聴に分かれ，蝸牛が障害されている場合を感音性難聴と言い，聾学校（特別支援学校（聴覚障害））のほとんどの子どもたちが該当します。伝音性難聴とは外耳道が塞がっていたり，耳に外界から空気の振動が伝わらない状態の障害であることを言います。

65

表3-2-1　医学的に分類した聴覚障害の種類

伝音難聴	外耳から内耳までの機能不全による難聴で，自分の声だけは骨伝導で聞こえるが，周囲の音が小さく弱く聞こえる。 難聴の程度は軽度から中等度で，医学的治療が比較的可能で補聴器の効果も期待できる。
感音難聴	内耳から聴覚中枢（脳）の機能不全による難聴で，音が小さく歪んで聞こえたり，頭に響いたりして音の判別が難しくなる。 難聴の程度は軽度から最重度の広範囲に及び，医学的治療が困難なものが多く，補聴器の効果には著しい個人差と限界がある。
混合難聴	感音性難聴と伝音性難聴が混ざっており，症状はその割合により様々である。

(注) 教育上支援を要する聴覚障害のほとんどが「感音難聴」である。
(出所) デニシュ＆ピンソン（1966）p. 4

　外耳とは**耳の構造**のうちもっとも外側の部分で，**耳介**と外耳道の二つからなっています。耳介は周囲の振動を集める役割を持っています。私たちが日常的に「耳」と呼んでいる部分です。音は耳介から外耳道を通り鼓膜を振動させ，**耳小骨**を経て**蝸牛**で電気信号に変わり**聴神経**に繋がっていきます。中耳とは鼓膜から奥の部分のことをいいます。耳小骨は振動を鼓膜から内耳に伝える役割があります。内耳とは耳の構造のうち最も内側の部分で，音を感じ取る蝸牛などがあります。

3　聞こえの仕組み

　蝸牛の構造を見てみましょう。

　蝸牛の中はリンパ液で満たされていて，壁には無数の有毛細胞があります。中耳から振動が伝わってくるとリンパ液が揺れ，有毛細胞が電気信号に変換して聴神経に音を届けます。こうして聴神経へ送られた電気信号が脳へと達することで，私たちは「音」として認識することができます。先ほどの感音性難聴という障害は，この蝸牛の障害です。この障害の程度は人によって様々ですので，その程度区分について具体的な状況を次に示します。

①聴覚障害の程度区分

軽度難聴

　小さな声や，遠く離れた相手との会話が**聞き取り**にくいです。騒音下や大人数の会議における会話の理解が困難なことがあります。難聴に気づいても補聴器装用につながらないことがあります。

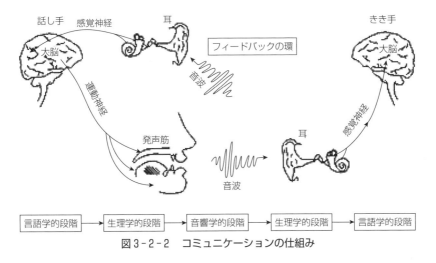

言語学的段階 → 生理学的段階 → 音響学的段階 → 生理学的段階 → 言語学的段階

図3-2-2　コミュニケーションの仕組み

中等度難聴

普通の会話でしばしば不自由を感じます。正面からの大きな声での会話はできます。**補聴器の効果が期待できますが**，使用しない人も多くいます。

高度難聴

大声で話しても理解できない場合があります。視野から外れた場所からの話しかけに気づかないときがあります。補聴器の使用が必要ですが，効果は個人差があります。

重度難聴

耳元での話も聞きづらい状態です。とくに**不特定多数での会話**になると極端に聞きとりにくくなり，補聴器使用の効果は場面の状況などにより様々です。

最重度難聴

補聴器のみで音声を理解するのは難しく読話や身振り・手話などの手がかりが必要です。人工内耳の適用も検討される聴力です。

②コミュニケーションの仕組み

人がことばを発するとき，音声は相手の耳に達するのと同時に，自分の耳にも届いています。それを自分の発声にフィードバックしています。これがなければ，人間は正しく発声することができません。相手が言ったことを聴き取る際にも，自分の頭の中で発声を模擬しています。

4　支援や配慮のポイント

①学校における支援の基本（わかる授業の実施）

(1)障害の状態や発達の段階に応じた指導の工夫

　　　［例］手話・指さしや身振り，読話しやすい発声・口形・話し方

(2)聞こえにくさという障害への情報保障

　　　［例］筆談，要約筆記やノートテイク（手書き・パソコン）

　　　周辺雑音の抑制・残響の軽減（聾学校では二重窓や消音壁などがあります）

　　　補聴援助機器の活用（磁気ループ・FM通信機器を活用します）

(3)授業における自由なコミュニケーション環境の保障

　　　［例］事前の資料提供・音声字幕　お知らせランプ・振動式アラーム

　　　生活支援機器の活用（電話の音量・簡易拡声機器の活用）

　子どもとのコミュニケーションは，大人から楽しさなどを伝え，子どもからは人への信頼やコミュニケーションは楽しい，わかるって楽しいという気持ちを育て，受け取ることが大切です。

②聴覚障害児への配慮

　聴覚障害のある児童生徒の場合は相手を見ながら聞くことに時間を費やすことが多くなるため，ノートにどの程度の分量を書かせるのかを考えてあらかじめ板書の量を精選したり，明確に示したりすることが必要です。

　また，ワークシートには，漢字や語句などの習熟，学習の手引き，授業の課題のための補助資料，評価のための資料など，目的に応じて様々な種類があります。ノートと同様に，児童生徒の学習を効率的に進めるため，ワークシートを活用する目的と具体的に何をどの程度書かせるのかを明確にすることが必要です。

　教師の指導上の配慮としては，聴覚障害の状況に合わせた，コミュニケーション手段（音声，手話，文字等）の選択と活用が必要です。また，伝わっているかどうかの**細やかな確認**が必要です。

③そ　の　他

(1)早期からの教育支援体制

　近年は**新生児聴覚スクリーニング検査**により生後数日で聴覚障害が発見され

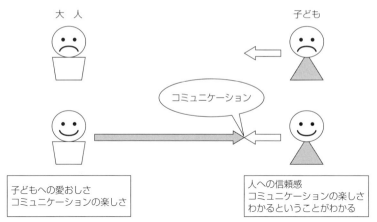

大　人　　　　　　　　　　　　子ども

コミュニケーション

子どもへの愛おしさ
コミュニケーションの楽しさ

人への信頼感
コミュニケーションの楽しさ
わかるということがわかる

図3-2-3　コミュニケーションとは

ることが多くなりました。そのため，乳幼児期から保護者支援を行う機関，乳幼児の保育・教育を行う相談機関が活用されるようになり，また手話の活用も効果的です。

⑵人工内耳

　鼓膜や耳小骨に問題があって起こっている難聴は，手術などの処置によって改善可能な場合があります。しかし，蝸牛が傷んでしまっている難聴は，機能を回復するのは，今の医学では困難です。**人工内耳**は，音を電気信号に変え，蝸牛の中に入れた刺激装置（電極）で直接聴神経を刺激する装置です。

（酒井　弘）

〈文　献〉

デニシュ，P. B., & ピンソン，E. N.　神山五郎・戸塚元吉（訳）『話しことばの科学──その物理学と生物学』東京大学出版会，1966年。

3　肢体不自由

1　AさんとBさんのケース

　小学校3年生のAさんはお母さんに付き添われて毎日元気に学校に通っています。極端な内股で,曲がっている両膝を擦り合せ,上体を左右に揺らしながら学校を目指します。途中で小さな窪みに足を取られ倒れそうになりましたが,友だちの3倍の時間をかけて,今日も大好きな学校に着きました。

　一時間目の国語は順番に音読します。読み方も意味もすべてわかっているのですが,発音が不明瞭で滑らかに読むことが難しく,聞き慣れていない人には正しく聞き取ることが困難です。また,筆圧を調整することが難しいので,黒板の文字をノートに写すときにはとても太くて濃い文字になります。鉛筆の芯もよく折れてしまうので,筆箱にはたくさんの鉛筆が入っています。

　給食では特製のスプーンとフォークを使います。スプーンですくうときに食器が動いてしまうので,食器は滑り止めの特殊なマットの上に置かれています。

　5年生のBさんも車いすで毎日元気に学校に通っています。車いすはお母さんが押してくれます。道路は学校の廊下のように平らではないので,Bさんの腕の力では進むことができないのです。小学校に入学したときには歩くことが

できていたのですが,歩く力が少しずつ低下し,今は車いすです。

　一時間目は算数です。先生が「この問題の答えを言ってくれる人」と言いました。しかし,筋力が弱いために挙手をすることができないので,机の上にある円形の小さなスイッチを押しました。赤いランプが点灯して指名してもらい,Bさんは自信に満ちた表情で答えを発表することができました。

　給食の時間です。4年生までは一人で食べていましたが，腕が上がりにくくなり，今は先生に腕を支えてもらいながら食べています。とんかつが硬いので，噛む力が弱くなってきたBさんは噛み切ることができません。先生に調理ばさみで小さく切ってもらい，大好きなとんかつを全部食べることができました。

2　肢体不自由とは

　肢体不自由とは，運動・動作や立つ，座る，横になるなどの姿勢をとることに困難がある障害です。そのため，日常生活動作（ADL）に様々な支援や配慮を必要とし，学習においても一人ひとりの障害の状態に応じた支援や配慮が必要です。また，原因により様々な障害があります。Aさんの障害は脳に損傷があることによる脳性まひです。Bさんの障害は，筋肉が変性し筋肉の働きが徐々に失われる進行性筋ジストロフィー症です。

3　動きたい動きができる，とりたい姿勢をとることができるためには

　私たちの姿勢や運動を支えているメカニズムを知ることは，肢体不自由障害の子どもたちを正しく理解することにつながります。
　「脳」「神経」「筋肉」という視点から肢体不自由障害について学びましょう。
①脳
　人間の赤ちゃんは，生後3か月ごろまでは自分の頭でさえも自由にコントロールすることができません。誕生直後には多くの反射が存在し，随意的な動きはできません。たとえば非対称性緊張性頸反射（ATNR）という頭の向きにより手足が自動的に曲がったり伸びたりする反射による特有の姿勢となります。
　脳の成長により，そのような反射は次第に抑制されて発現しなくなり，頭を左右に向けることやうつ伏せの姿勢で頭を持ち上げることなどの随意的な運動をすることができるようになってきます。そのような姿勢や運動をつかさどる中枢である脳に損傷・疾患が生じることによる肢体不自由を「脳源性運動機能障害」といいます。脳源性運動機能障害には「脳性まひ」「脳外傷後遺症」「脳水腫（水頭症）」などがあります。
②神　　経
　脳の働きにより全身の筋肉が協調して収縮や弛緩をし，様々な姿勢や運動が

可能となります。また，筋，腱，関節，前庭迷路などには，固有受容器という身体の位置や動きに関する様々な情報を得るためのセンサーがあり，その情報を基にしながら脳は姿勢や運動をコントロールしています。脳と筋肉や固有受容器の間の情報の伝達をするのが神経です。脳が正常に機能していても，**神経伝達路**に障害があれば，筋肉は姿勢や運動のための収縮や弛緩をすることができません。神経伝達路の損傷・疾患により生じる肢体不自由障害には「二分脊椎症」「外傷性脊髄損傷」などがあります。

③筋　　肉

　人間の身体にはおよそ600の筋肉があり，そのうち400は姿勢や運動をつかさどる骨格筋です。多くの筋肉が正常に働くことにより，多様な姿勢や運動を行うことができるのです。正常な筋肉の働きが失われると意図した運動や動作ができないだけでなく，座位姿勢や立位姿勢等様々な活動の基礎となる姿勢をとることが困難になります。また，命を維持するためにつねに働いている筋肉もあります。呼吸をするための呼吸筋，血液循環のための心筋等はそのような筋肉です。筋肉が筋肉としての機能を失う疾患により生じる肢体不自由障害には「進行性筋ジストロフィー症」「先天性ミオパチー」などがあります。

4　主な肢体不自由

①脳性まひ

　脳性まひは「受胎から新生児（生後4週以内）までの間に生じた，脳の非進行性病変に基づく，永続的な，しかし変化しうる運動および姿勢の異常である。その症状は満2歳までに発現し，進行性疾患や一過性運動障害，または将来正常化するであろうと思われる運動発達遅延は除外する」（1968年厚生省）と定義されており，脳の損傷部位により様々なタイプがあります。

　痙直型は手足がこわばり，滑らかに身体を動かすことが困難です。他動的に関節を曲げたり伸ばしたりすると強い抵抗がありますが，しばらくすると抵抗が急に減少（折りたたみナイフ現象）します。努力して動かそうとすればするほど筋肉の緊張が高まり（筋緊張の亢進）動きが困難になります。

　アテトーゼ型は，意思とは無関係に身体が動いてしまう**不随意運動**が特徴です。動きは早く，急に腕や足が伸びてしまったり，曲がってしまったりします。

不随意運動は，突然聞こえる音や光刺激などでも起きることがあります。

　失調型は，バランスを調整することが困難なためにつねにふらつきがあることが特徴です。歩く姿はバランスをとるために両足を肩幅程度まで開いたワイドベースと呼ばれる特徴のある姿となります。

　また，重度の脳性まひの場合は，痙直型とアテトーゼ型が両方存在する**混合型**というタイプもあります。

②二分脊椎症

　二分脊椎症は母体内で胎児が成長する過程において，正常ならば脊椎の管の中にあるべき脊髄が脊椎の外に出てしまい癒着や損傷をすることにより生じる障害です。発生部位から下の運動機能と知覚が麻痺し，膀胱や直腸機能などの内臓機能障害も生じます。皮膚の知覚麻痺のために熱さ，冷たさ，痛みなどを感じることができません。発生部位により障害の状態は大きく異なります。

③進行性筋ジストロフィー症

　進行性筋ジストロフィー症は，筋繊維が徐々に変性し筋肉としての働きを失っていく遺伝性の障害です。**デュシェンヌ型**は，3，4歳ころに転倒することが見られるようになり，病院を受診をした結果筋ジストロフィー症であると診断されることが大半です。歩行が困難となることから始まり，座位，臥位姿勢へと維持できる姿勢は後退していきます。また，上肢も肩の動きが低下し，次に肘の動きが低下し，自由に動かすことができるところが徐々に末端部のみとなってきます。さらに，呼吸筋の機能低下により，高校生年齢以降は人工呼吸器を使用して生命維持をすることが必要になります。

5　その他随伴する障害

①摂食・嚥下障害

　脳性まひや進行した筋ジストロフィー症では，食べる機能の障害があります。食べ物を口腔内に取り込むことや，口腔内に取り込んだ食物を咀嚼し食塊（咀嚼され唾液と混合されて飲み込みやすい形態となった食物）を形成すること，また嚥下に困難があります。

②言語障害

　脳性まひでは言語障害があります。発声や発音をするための筋肉がうまく働

かないために，明瞭な音声を発することができず，本人は一生懸命に話しているのですが聞き慣れない人にとっては聞き取りにくい言葉となります。

③視覚障害

　脳性まひでは，斜視，眼振などのために注視や追視などの困難（視覚障害）を伴うことがあります。眼球機能の障害だけでなく脳内の視放線という視覚情報を伝達する経路の損傷による視覚障害もあります。図―地認知や空間認知など一般的な視力検査ではわからない視覚障害もあるため，どのように見えているのかを他者が理解することが困難であるという点に注意が必要です。

④知的障害

　脳性まひや二分脊椎症などでは，知的障害を生じることがあります。脳性まひではとくに痙直型において知的障害を合併することが多いです。

6　支援や配慮のポイント

①安　　全

　肢体不自由障害は他の障害と比べて事故による怪我が多いことが特徴です。脳性まひの子どもの多くは，転倒したときに頭部や顔面を守るための**保護伸展反射**が育っていないために，上肢で頭部や顔面を保護することができず地面に打ちつけてしまいます。介助者は，頭部打撲や前歯の折損などの怪我を防ぐための注意や配慮が必要です。

②自分でできるための工夫

　肢体不自由障害の子どもは，幼少期より生活の様々な面において介助，支援を受けながら生活しています。そのため，「自分でできる・できた」という経験が乏しく主体性や自己肯定感が育ちにくい傾向があります。そのような育ちの弱さを軽減するために以下のような視点が大切です。

(1)過剰・過少でない適切な介助・支援

　一人ひとりの車いす操作能力は異なります。また，移動する場所の路面状況や移動距離なども場面に応じて異なります。屋内の廊下で自走することができる子どもの車いすを押す必要ありません。しかし，同じ子どもでも，街路では介助を必要とすることが多くなります。すべての場面において，子どもの能力を適切に評価し，能力と場面状況に応じた「過剰・過少」でない適切な介助を

行うことが，主体性や自己肯定感を育む上で大切です。

(2) ICT，AT の活用

　早期から ICT（Information and Communicaion Technology），AT（Assistive Technology）等を活用し，肢体不自由障害により「できないこと」を「できるように支援する」ことが大切です。支援機器やアプリ等を活用することにより，日常生活動作，学習，移動，コミュニケーションなどできなかったことができるようになれば，肢体不自由という身体の状態は変わらなくても，子どもの活動は大きく変化します。話したいことがあるけれども言語障害のために自身の発声により伝えることができない子どもが，トーキングエイドという支援機器を使用することにより合成音声により伝えることができるようになります。筋ジストロフィー症の進行により文字を書くことができない子どもが指先の微細な動きだけで操作できる入力装置とパソコンを使用することにより，自由に文字を書くことができるようになります。このように ICT，AT を活用することにより活動や学習の質が大きく変わります。

③他職種との連携

　肢体不自由障害は医療を中心とした多くの他職種との連携が必要な障害です。具体的には，整形外科医，小児科医，神経内科医，眼科医等の医師，理学療法士，作業療法士，言語聴覚士，義肢装具士等です。学校での指導や支援を行う上で，子どもにかかわっている各専門家が「どのような目的」で「どのような内容」の治療などを行っているのかを理解しておくことはとても大切です。

　他職種の人たちも学校教育との連携を求めています。教育の専門家としての教員と医療分野の専門家との連携は肢体不自由障害の子どもの教育にとって欠くことができないものです。

（山田定宏）

〈文　献〉

馬場元毅『絵でみる脳と神経——しくみと障害のメカニズム　第4版』医学書院，2017年。

全国特別支援学校校長会編『授業力向上シリーズ No 1 〜No 6』ジアース教育新社，2013〜2018年。

4 病弱・身体虚弱

1 Aさんのケース

　Aさんは，小学6年の1学期に白血病を発症し，それ以来，入院，放射線治療などが続きました。内気なAさんの体調不良が始まったとき，弟が不登校だったことから，学校ではAさんもやる気の問題だろうと見られ，「親身になって相談にのってくれなかった。病名がわかり，入院した後，担任の先生が病院に来てくれたのは最初の1回だけだった」とお母さんはふり返っています。

　入院した病院では，近くの特別支援学校からの**病院訪問教育**が行われていました。訪問教育の先生方から勧められ，中学校からは病院訪問教育で，週3回，1回2時間の授業を受けるようになりましたが，体調が安定せず自信をなくしている様子がみられました。

　中学3年の4月，退院となりましたが，気持ちの上でも体力の上でも地元の中学校には帰りたくないという本人・家族の希望で，自宅近くの特別支援学校の**在宅訪問教育**を受けることになりました。

　訪問すると，Aさんはいつも寝ています。時間をかけて起き出し，パジャマのままで授業が始まりました。座っていること自体がとてもつらそうで，身体を支えたり，立ったりする筋力も低下していました。聞かれたことに辛うじて「うん」「ううん」というくらいで，自分から話すことはまずない，ふさぎこんだ表情で笑顔も見られない—そこからのスタートでした。

　それでも，勉強はちゃんとしておかなくてはならないという気持ちは強く，三人の教師が3教科を担当するほか，**自立活動**を担当する教師の応援を受け

て，立つこと，歩くことなど運動機能の改善にとりくむことになりました。

　二学期後半にクラッチ歩行（両腕で杖を使った歩行）が可能になると，気持ちも前向きになり，特別支援学校へのスクーリングも開始しました。気持ちを汲んでくれる教職員集団への信頼，勉強がわかっていく手応え，友だちとの出会いによる「ぼくだけではないんだ」という安心感が生まれていきました。

　高校進学に向けた進路相談では，普通高校に行きたいという思いはありましたが，学習の遅れや体力の問題から，入学後，続けられるかが心配なAさんでした。Aさんはそういう気持ちを自分でご家族に説明し，特別支援学校高等部で，訪問教育ではなく通学をすると決めました。そして，高等部3年間にはたくさんの友だちや先生方との様々な体験を重ね，自信をつけ自分の進路をみつけていきました。

　Aさんは病気によって体力低下と学習空白が深刻になってしまいました。けれども，それだけではなく発病前からの学校との関係が，発病後の生活に大きく影響しています。学校が安心できる居場所になっていない場合，病気・入院というきっかけが困難・不安をいっそう大きくし，孤立し自信をなくしてしまうといえます。

　病気の子どもの理解・支援では，病気だけみるのではなく，子どもの生活全体をみていく必要があります。

2　子どもの病気とは

　子どもの病気といっても，いろいろな疾患があり，その症状，治療も様々です。また，状態が変化することも特徴です。現在，わが国では小児慢性特定疾患として16疾患群762疾患が厚生労働大臣により指定され，医療費の自己負担分の一部を助成する制度になっています（表3-4-1）。

　医学的に診断される疾患に対して，病気は，症状や能力の低下を感じ，不安・いらだち・抑うつなど心理的・身体的反応を含みます。病気の子どもの教育では，心理面を含めた理解と援助が必要です。

表3-4-1　小児慢性特定疾患の内訳

	疾患区分	疾病種別
1	悪性新生物	白血病，リンパ腫，神経芽腫，脳腫瘍　等
2	慢性腎疾患	ネフローゼ症候群，慢性糸球体腎炎，水腎症　等
3	慢性呼吸器疾患	気管支喘息，気管狭窄　等
4	慢性心疾患	心房・心室中隔欠損，ファロー四徴，多脾症／無脾症，大血管転位，単心室でのフォンタン（Fontan）術後等の術後合併症を含む，重症不整脈，心筋症　等
5	内分泌疾患	成長ホルモン分泌不全性低身長症，下垂体機能低下症，成長ホルモン欠損症，甲状腺機能低下症　等
6	膠原病	若年性特発性関節炎，全身性エリテマトーデス，若年性皮膚筋炎　等
7	糖尿病	1型糖尿病，2型糖尿病，その他の糖尿病
8	先天性代謝異常	アミノ酸代謝異常，骨形成不全症，色素性乾皮症　等
9	血液疾患	血友病，慢性肉芽腫症　等
10	免疫疾患	原発性免疫不全症　等
11	神経・筋疾患	ウエスト症候群，結節性硬化症，亜急性硬化性全脳炎　等
12	慢性消化器疾患	胆道閉鎖症，先天性胆道拡張症　等
13	染色体又は遺伝子に変化を伴う症候群	ダウン症候群，コルネリア・デランゲ症候群，18トリソミー症候群，13トリソミー症候群　等
14	皮膚疾患群	色素性乾皮症，レックリングハウゼン病，外胚葉形成不全　等
15	骨系統疾患	胸郭不全症候群，骨形成不全　等
16	脈管系疾患	脈管奇形，遺伝性出血性末梢血管拡張症　等

（注）2019年7月1日から16疾患群762疾患が対象

（出所）小児慢性特定疾病情報センターのホームページより転載して作成 https://www.shouman.jp/（2019年8月1日閲覧）

3　病気の子どものための学校教育

　病気や治療により，通常の学校での生活がむずかしい場合に，特別な教育の場で学ぶことになります。**学校教育法施行令第22条第3項**では，特別支援学校（病弱）の対象となる**病弱者**として「慢性の**呼吸器疾患，腎臓疾患及び神経疾患，悪性新生物**その他の疾患」が挙げられています。また，「継続して医療又は生活規制を必要とするもの」とされていますが，改正（2003年4月）前は「六月以上の医療又は生活規制」とされていました。法律ができた1960年ごろには子どもの病気は結核が半数を占め，長い治療期間が必要でしたが，医療の

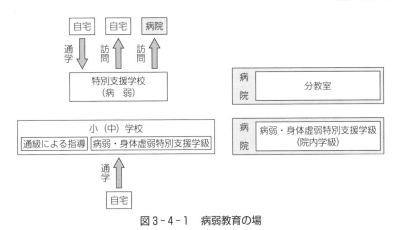

図 3 - 4 - 1　病弱教育の場

進歩で子どもの疾病構造も変化し入院期間が短くなってきています。2週間から1か月程度以上の入院・療養が転校のめやすとなっており，状態に応じて「**特別支援学校（病弱）**」，「**特別支援学級（病弱・身体虚弱）**」，「**通級による指導**」で病弱教育を受けることになります（図3-4-1）。

　特別支援学校の教育としては，**訪問教育**，**分教室**などの形もありますが，それらは病弱部門をもつ特別支援学校とは限らず，肢体不自由や知的障害の特別支援学校が担当していることもあります。また，「特別支援学級（病弱・身体虚弱）」には，小・中学校の校舎内に設置されている学級と，学区域内の病院内に設置されている学級があり，後者を「院内学級」といいます。

　こうした病弱教育のしくみは，自治体によって運用が異なっています。たとえば，入院中あるいは自宅療養中の訪問教育の実施や，小・中学校の院内学級の設置は，自治体によっていろいろです。住む自治体によっては，子どものニーズに合った教育の場がないという問題が生じています。また，病弱教育のしくみが学校関係者にも理解されておらず，せっかくある教育の場が活用しきれていない問題もあります。

4　支援や配慮のポイント

①「病とともに生きていく」時代に求められる教育と健康観

　以前は「治療優先」「学校は病気が治ってから」という考えが学校現場で根

強かったのですが，現在は，学校教育を受けることは治療効果を高めると小児医療関係者からも評価されています。今日，小児医療では，「病気が治った子どもは精神的にも健康でなくてはならない」という考え方で，治療開始・入院開始時から子どもの発達や心理面を大切にしたトータルケアが重視されています。入院しているからこそ必要な教育があることを学校関係者は理解していく必要があります。

　また，入院期間が短くなり，**在宅医療**が推進される今日，慢性疾患の子どもの9割は通常の学校に在籍しています。従来，学校では，元気な子どもの健康増進が重視されてきましたが，健康か病気かという二分法ではなく，様々な健康状態の子どもが地域・家庭・学校で生活している時代にふさわしい健康観を学校教育に位置づける必要があります。

　WHO（世界保健機関）憲章（1948）では，その前文の中で「健康」について，「健康とは，病気でないとか，弱っていないということではなく，肉体的にも，精神的にも，そして社会的にも，すべてが満たされた状態にあることだ」と述べています（日本WHO協会仮訳）。病気治療中であっても，積極的に社会参加ができ自己実現していけることが大切です。

②入院中の教育と地元校の役割

　病気の子どもの教育は特別支援教育と位置づけられていますが，本人やご家族にとって病気が特別支援教育の対象になるとは考えにくいようです。また，多くの場合，地元校から特別支援学校や院内学級に転校しないと病弱教育が受けられませんが，転校しないで病弱教育も受けたいというのが多くの子ども・家族の願いです。

　また，病院で，「元の学校に戻る」ことを大きな励みにして辛い治療をがんばっている子どもたちが帰って行く学校は，実際には「元の学校のまま」待っていてくれるわけではありません。学習や行事，友だちとのかかわりを通して，一人ひとりの子どもも，学級の集団も，学校生活で出会うできごとを節目にしながら，大きく成長し先に進んでいます。そのため，退院してきた子どもが，自分の思い描いていた「元の学校」とのギャップにつまずくことが少なくありません。

　「入院していく子ども」を「また帰ってくる子ども」として見守り，入院中

のがんばりを友だちや教職員が共通理解し，スムーズに学校に戻れるような配慮が重要になってきます。

　そのためにも，病弱教育を担当する学校・学級には，その重要なセンター的役割として，子どもと家族，医療関係者を**地元校**につないでいく実践が求められています。

（猪狩恵美子）

〈文　献〉

猪狩恵美子『通常学級在籍の病気の子どもと特別な教育的配慮の研究』風間書房，2016年。

日本育療学会『標準「病弱児の教育」テキスト』ジアース教育新社，2019年。

日本 WHO 協会仮訳『世界保健機関憲章前文』https://www.japan-who.or.jp/（2020年 1 月17日閲覧）

丹羽登監修，全国特別支援学校病弱教育校長会編著『病弱教育における各教科等の指導』ジアース教育新社，2015年。

山本純士『15メートルの通学路』角川文庫，2015年。

全国病弱教育研究会編『病気の子どもの教育入門』クリエイツかもがわ，2017年。

5　情緒障害

1　Aさんのケース

　B先生は，小学校1年1組33名の学級担任になりました。

　新学期が始まってしばらくした1時間目の生活科の時間に，みんなで校庭に出て春の花を見て絵を描きました。Aさんは，花の絵よりも虫に興味があるようすでだんごむしを集めていました。

　その日の2時間目，Aさんが鉛筆を出すために筆箱を開けると，だんごむしが3，4匹出てきました。1時間目に集めただんごむしを筆箱に入れていたのです。Aさんは，だんごむしに夢中になってしまいました。B先生に声をかけられると，びっくりしたような表情でした。B先生は，筆箱のだんごむしにも驚きましたが，きつく注意したのではないのに，びくびくするAさんのことが気になりました。

　Aさんは，授業中，先生の話を落ち着いて聞けないことが多く，興味のない学習内容には集中できず，考えたり作業をしたりすることは苦手なようすでした。それでも，B先生がAさんの側で優しく話しかけると，少しずつ話が聞けるようになってきました。

　ある日，授業中に「それ，間違っているよ」と友だちに言われたことがきっかけで，やりかけのプリントをくちゃくちゃにして破き，泣き続けることがありました。

　B先生は，Aさんは学習内容が理解できないわけではないのに授業中に集中できなかったり，日によって気持ちが不安定だったりすることが心配になり，どうしたらよいのか困っていまし

た。

　そこで，B先生は家庭訪問をして，お母さんからAさんのことを詳しく聞かせてもらいました。

　3歳児健診では異常はないと言われましたが，幼稚園では落ち着きが無く，集中力に欠けると先生から言われたそうです。友だちとのトラブルが多く，先生から注意されることも多かったようです。

　また，Aさんが小さいころから両親の仲がよくなく，今Aさんはお母さんと二人で暮らしています。お母さんは仕事が忙しく，気持ちが安定しないときもあり，Aさんと一緒に遊んだり絵本を読んであげたりすることができず，ほめることも少なかったとのことです。Aさんが小さいころから関係がつくりにくいと感じていました。Aさんは，急に怒り出したりお母さんの顔色を見て行動したりと，情緒が不安定なことが多いそうです。お母さんは仕事から帰宅して，Aさんに宿題をするように声をかけても，すぐにやらないと悩んでおられました。

　Aさんは，入学前に，子どもの発達を専門に診てくれる病院で発達検査を受けましたが，知的な遅れはないとのことでした。また，発達障害でもないとのことでした。

　B先生は，明日から，Aさんが学校や家庭で気持ちよく生活できるようにするには，どうしたらいいのかと考えています。

　Aさんは，知的障害や生得的なことが要因の発達障害ではありません。主として**環境要因**による**情緒の発達**に問題があって，学校生活や日常生活に困難を生じている子どもだと言えるでしょう。

　Aさんだけでなく，こうした情緒の発達に問題を抱えている子どもは少なくありません。

　皆さんもB先生と一緒に**情緒の障害**について学び，その子どもの理解と支援のポイントについて考えていきましょう。

2　情緒障害とは

　情緒障害とは，生得的な障害や病気ではなく，主として環境要因により情緒

の発達に問題や発達に遅れが出たりする障害です。そのため，生得的な特性による障害である発達障害以上に，子どもの**状態像**や**家庭環境・生育歴**などから推測しなければなりません。

　場面緘黙や愛着障害などの形で現れてくることもあります。気持ちに不安定さが見られたり，物ごとへの集中力に欠けたりすることも多く，人との信頼関係が築きにくいこともあります。大人に甘えたいときや助けてもらいたいときにもうまく言えず，その思いと裏腹の暴力や暴言という形をとったり，気持ちを内に押し込めて黙り込んでしまうこともあります。

　子どもは，幼いころから安心できる身近な大人（お母さんなど）を心の基地にして，新しいことや少し難しいことにも挑戦するのですが，安心できる大人とのよい関係（愛着関係）がつくれていないと，挑戦したり立ち直ったりする力が育ちにくいことがあります。また，自分の気持ちや「つもり」を受けとめてほめてくれる大人の存在がなく，満たされた気持ちや自信が積み重ならずに大きくなることがあります。とりわけ，幼児期中ごろの自我が育つ時期に，夢中になれることや頑張ったことを受けとめてもらい，"**自分大好き**"と感じる経験が少ないと，**自我の育ち**が弱くなります。

　したがって，自我の育ちや自信を基盤にした自制心，少しぐらい嫌なことがあっても自分なりに納得して我慢したり，人と折り合いをつけたりすることができる"誇り高き自制心"の弱さが根底にあると考えられます。

3　子ども本人の困っている状況

　このような子どもは，学校で先生の話をじっくり聞くことや，文字を書いたり観察して絵を描いたり，手先を使って工作をするなどの細かい作業が苦手なことが多いです。テストや作品などの出来栄えの評価に過敏で，人と比べて悪いとか下手だと思うと落ち込んでしまいます。また，自分の気持ちやねがいを話し言葉で伝えることが難しく，友だちと折り合いをつけるなど，自分の気持ちや行動を上手に調整できないこともあります。

4　支援や配慮のポイント

①学校における支援の基本

(1)子ども本人への支援

　担任の先生の子どもへの**おおらかな優しい対応**が大切です。子どもと一緒に遊んだりお話ししたり，小さなことでもしっかりと**ほめる**などして，よい関係をつくることが重要です。先生が子どもをしっかりほめたり認めたりすることで，子どもは徐々に**自信**を持つようになります。子どもの気持ちを丁寧に聞いて，うまく話せないときには先生が言葉を添えたり，言語化してあげたりすることも必要です。友だちとトラブルが起きたときには，状況を聞き取って解説したり，お互いの気持ちを聞いて仲裁することが必要です。

(2)学級集団づくりにおける配慮

　学級が子どもにとって安心できる居場所となるように，緩やかで楽しい学級づくりが大切です。また，「人は間違ったり失敗したりして，そこから学んで大きくなるんだよ」と伝え，"まちがっていいんだ"という雰囲気を学級の中につくることが大切です。安心できる学級で過ごすことで，子どもの緊張した心と体が癒されていきます。

　先生が，子どもと友だちとの関係を繋いでいくことも大切です。ときには子どもの気持ちを代弁したり，学級の子どもにも「Aさんは，こんなことで頑張っているよ」と話すことも大事なことです。

　学級会などの時間に，楽しい学級行事や集団遊び・手遊びなどをしてみると，子どもは学校って楽しいなと思えます。遊びとは「そのこと自体が目的である活動」であり，「主体的に参加できて楽しい活動」でなければ遊びではありません。したがって，「間違ってもかまわない」遊びがおすすめです。ここで気をつけなければならないことは，嫌がっている場合には無理やりさせないことです。見ているだけの参加でもＯＫです。

　スプーンリレーや借り物競走などの競技を子どもたちと一緒に楽しむ"学級オリンピック"は，子どもの運動能力に関係なく楽しめて，みんなが仲良くなれます。楽しい取り組みを通して，学級の子どもたちがほっこりした気持ちになると，情緒に障害をもつ子どもにも優しくかかわることができるようになり

ます。

(3)授業づくりにおける配慮

　集中して聞くことが苦手な子どもには，席の近くでもう一度ゆっくりと説明するとよいでしょう。ときには，絵を描いたり具体物を使うことで理解が進むこともあります。

　知的な遅れがない子どもでも，出来事や自分の気持ちを整理して文章にすることが苦手な子どもはいます。作文を書くときには，まず，子どもが話すことを先生が書き留めて，それを子どもが少しずつ書いていくなどの工夫がいります。また，子どもが書きたいと思えるような楽しいことや悔しかったことなど，子どもの感情を揺さぶるような出来事が暮らしの中にあることが大切です。

　算数で，たし算やひき算を学習するときには，日々の生活や遊びと結びつけて授業することが大切です。たし算やひき算の背景には，お話があり時間の経過があるということです。

　たとえば，「5−3＝2」を例に挙げると，「5個の風船がありました。みんなで遊んだ次の日，3個の風船がしぼんでしまいました。遊べる風船はいくつ残っているでしょう」というような数式の背景にある「時間の経過や物語」を具体的にお話や絵本作り，話し合いを通して理解していくとよいでしょう。時間があれば，実際に経験させることもお勧めです。

　こうした**丁寧な学習過程**は，Aさんのような子どもだけでなく，多くの子どもたちにとってもわかりやすいものとなります。

②家庭における支援の基本

(1)教師の保護者へのかかわりと支援

　先生が保護者の悩みや思いをよく聞くことがとても大切であり，子どもが安心して過ごせるための近道でもあります。保護者とよく連絡をとり，子どものよかったことや頑張っている姿などを小まめに伝えることが必要です。その上で，保護者が子どもにどのようにかかわればよいのかを話してあげましょう。保護者が心の余裕を持って子どもに接することが大事なので，先生が保護者を追い詰めないように，「一緒にがんばりましょう」といった声かけも必要です。

(2)保護者の本人へのかかわり方

　保護者が，子どもの話を**共感**しながら聞くことが大切です。どんなことでも，

まずは受けとめ認めてあげることや，小さなことでもほめてあげることが必要
です。子どもが話したがらないときには，保護者が「今日はこんなことがあっ
たよ」と話してあげるといいでしょう。ときどき，一緒に遊んだり絵本を読ん
であげたり，一緒にお風呂に入ってお喋りすることは，子どもにとっても嬉し
いことです。

(3)宿題や持ち物の用意等について

宿題は，保護者が見守りながらできる範囲ですとよいでしょう。子どもに
とって難しそうな内容の場合は，先生に連絡帳などで伝え，先生から教えても
らうなど，家庭での負担が少なくなるようにしましょう。持ち物は，保護者と
一緒に用意することで，徐々に自分でできる力がつきます。子どもは，お母さ
んと一緒に行動するのが楽しくて，安心できる心の基盤をつくっていくことに
なります。

③放課後における支援の基本

保護者が働いている場合は，学校や地域の学童保育などを利用している場合
が多いと思います。その際に，学童保育の指導員に子どもへの**配慮事項**を伝え
ることや，子どもの気持ちを大事にしたかかわり方をお願いすることが必要で
す。保護者が働いていなくても，自治体に相談して必要な手続きを取れば，**放
課後等デイサービス**の利用も可能です。

（宮本郷子）

6　言語障害

1　Aさん，Bさんのケース

①Aさんのケース

　小学校2年のAさんは言葉に幼さが残り，カレーライスを〔カレーライチュ〕，先生を〔チェンチェー〕と言うことがあります。1学年下の子どもたちから「カレーライチュ！」とはやし立てられ嫌な思いをしたことがありました。また，〔オサラ〕を〔オタラ〕と発音することもあり，サ行音が不明瞭になります。2年生になって本人も気になるようです。

②Bさんのケース

　「先生，おはようございます。」

　朝担任の先生と出会うとBさんは笑顔を添えて挨拶をします。ところが，授業で発表する場面になると，「ああああああの，きききききき今日は……」と音を繰り返してしまいます。なめらかに話すことができません。いわゆる吃音になってしまいます。まだ本人は気付いていないように思いますが，周りの子どもたちは少しずつ不思議な表情を浮かべています。

　おうちでの様子を尋ねてみると，学校ほどひどくはないものの，言葉の始めの音を連発させているようです。朝の挨拶のように毎日決まったことは詰まらずに上手に言えるようです。

2　言語障害とは

　『英国王のスピーチ』という映画がありました。子どものころから吃音に悩むイギリス国王・ジョージ6世が，妻と言語療法士に支えられ，国民を鼓舞する演説を行うというお話です。言

語障害を正面から扱った映画です。**吃音**の原因については諸説ありますが，定説はなく，いまだよくわかっていないというのが正直なところです。したがって治療方法もいろいろ考えられていますが，改善されたケースは偶然うまくいったということが多いようです。

　では，**言語障害**の定義について見てみましょう。

　言語障害については，2013（平成25）年10月4日付け25文科初第756号「障害のある児童生徒等に対する早期からの一貫した支援について（通知）」の中で，言語障害の定義と通級による指導が必要な程度について書かれています。

　　口蓋裂，構音器官のまひ等器質的又は機能的な構音障害のある者，吃音等話し言葉における<u>リズムの障害のある者</u>，話す，聞く等<u>言語機能の基礎的事項に発達の遅れがある者</u>，その他これに準じる者（これらの障害が主として他の障害に起因するものではない者に限る。）で，通常の学級での学習におおむね参加でき，一部特別な指導を必要とする程度のもの　（下線筆者）

①構音障害のある子ども

　構音障害の「構音」というのは，音を作る仕組みです。音を作る（発音する）ときの口などの構えがうまくできないものを構音障害と呼びます。

　はじめに紹介したAさんは，「サ行音〔サスセソ〕がタ行音〔タトゥテト〕やチャ行音〔チャ・チュ・チェ・チョ〕に置換」している構音障害です（ただし，幼児期にこのような発音をしていても構音障害とはいいません）。

　サ行音〔サスセソ〕の子音の〔s〕は上下の歯を合わせて，息を摩擦させて出す音（摩擦音）です。母音の〔a〕を〔s〕に続けて発声すると〔サ〕になります。

　それに対して，タ行音〔タトゥテト〕の子音の〔t〕は舌を上の歯茎に付け，一旦息を詰めて出す音（破裂音）です。母音の〔a〕を〔t〕に続けて発声すると〔タ〕になります。チャ行音〔チャチュチェチョ〕の子音の〔t ʃ〕は舌を上の歯茎に付け，一旦息を詰めながら息を摩擦させて出す音（破擦音）です。

　Aさんの場合は，息をすーっと摩擦させて出せずに詰めて破裂・破擦させて出すので，〔オサラ〕が〔オタラ〕，〔カレーライス〕が〔カレーライチュ〕になってしまうのです。舌があたる場所もわずかに違いますが，発音の違いは舌

　の当たる場所の違いのためよりも，息の出し方の違いのためです。

　Thank you の〔th〕は〔s〕ではないのですが，日本人の耳には〔サンキュ
ウ〕と聞こえます。th の音は上下の歯で舌を噛み，その間から息をすーっと
摩擦させて出しながら発音します。そこで，Ａさんには，一度舌を噛み息を
すーっと出すことから練習しました。するとサ行音に近い音が出るようになり
ました。最初は「オ・サ・ラ」と区切って発音していましたが，次第に滑らか
に言えるようになりました。

　息をスムーズに出すことができない子どもに対しては，発音指導以上にス
ムーズな息の出し方の練習も大切です。たとえば，風船を膨らませたり，スト
ローでブクブクしたりすることで，音を作る諸器官（**発声発語器官**と言います）
の動きが発達し正しい音が出るようになるものです。

②リズム障害のある子ども

　リズムの障害については，他に早口症もありますが，多くの場合吃音と考え
てよいでしょう。『英国王のスピーチ』やはじめに紹介したＢさんのケースで
す。吃音には**難発型・伸発型・連発型**の三つのタイプがあります。難発型は喋
ろうとすると顔をゆがませたり，身体が硬直したりして，最初の音がなかなか
出てこないタイプです。伸発型は，最初の音が伸びてしまうタイプです。「あ
した」を「あーーした」のように言ってしまいます。連発型はＢさんのケース
です。

　吃音の子どもは順番に発言を求められた場合，緊張感が徐々に高まり，うま
く発言できないことがあります。こうした人の場合は，突然指名される方が比
較的すっと言葉が出てきます。また，Ｂさんのように，毎日の挨拶など何度も
口にすることは上手く話せる人もいますし，逆の人もいます。Ｂさんは，毎回
「これから発表します。」と言うように，最初だけでも詰まらないように工夫
していくことで，少しだけ発表時に落ち着くようになりました。ただし，人に
よってまったくタイプが異なることはしっかりと押さえておいてください。

③言語機能の基礎的事項に発達の遅れがある子ども

　構音障害や吃音だけではなく，言語機能の基礎的事項に発達の遅れがある子
どもがいます。

　知的な発達の遅れも運動機能の課題もないこのタイプの子どももいれば，構

音障害はないけれども言語事項の基礎的事項に関する知的な発達の遅れや運動機能の問題がある子どももいます。また，知的な発達の遅れとともに構音障害がある子どももいます。こうした子どもに対しては，一人ひとりの子どもの実態を把握し，仮説を立てて指導・支援することが大切です。

他にもすごく早口（早口症）な人や逆にゆっくり話す人など，話している内容よりも話し方に注意を向けてしまう人の状態を言語障害ととらえることもあります。

3 支援や配慮のポイント

何よりも大切なことは，けっして話す意欲をそぐような指導をしないということです。発音が間違っていても，吃音があっても，文が上手に組み立てられていなくても，子どもの**話し方**に注意を向けるのではなく，**話の内容**に耳を傾けることが大切です。さらに，よく聞き取れなくても，上手に話せているよという雰囲気を保ちながら耳を傾け，子どもの話の意図を汲み取りましょう。

基本的に言い直しをさせることは「百害あって一利無し」です。

たとえば，冷蔵庫を〔デーゾーコ〕という（〔r〕が〔d〕に置換している）子どもに対して，「デーゾーコじゃないでしょ。レーゾーコでしょう。レーゾーコって言ってごらん。」と言葉だけで指摘し言い直させることは避けましょう。

では，なぜこの対応がいけないのでしょうか？

〔レーゾーコ〕を〔デーゾーコ〕を発音している子どもの中には，〔レ〕と〔デ〕を聞き分けられていない子どもがいます。こうした子どもに，「デーゾーコじゃないでしょ。レーゾーコでしょう。」と言っても，子どもの方は「デーゾーコじゃないでしょ。デーゾーコでしょう。」と聞こえており，混乱します。

また，相手の発音の聞き分けができていても，誤って発音している自分の発音は自分では正しく聞こえているのです。そうすると，自分の発音は自分では〔レーゾーコ〕と聞こえているのに，相手から「デーゾーコじゃないでしょ。レーゾーコでしょう。」などと言われると，訳がわからず自信を失います。

それどころか，強く言い直しをさせると，喋らなくなることがあります（あ

なたが英語のネイティブから「sankyu じゃなくて，thank you でしょう。」と言われた
と想像してください。理解できると思います）。

　安易に発音の誤りを指摘し，言い直しをさせることは有害無益といえます。

　うまく発音できない子どもに対して「あれ？　発音がおかしい」と思ったら，
保護者とともに，近くに開設されている通級指導教室の利用を考えてみるとよ
いでしょう。「2　言語障害とは」の「①構音障害のある子ども」のところで
紹介したような指導・支援があってはじめて誤った発音の対応は可能となりま
す。

4　通級指導教室

　学校には通常の教育課程を行う「**通常の学級**」が設置されています。また，
障害のある児童生徒が個に応じた特別な教育課程を行う学級として「**特別支援
学級**」が設置されている学校もあります。近年多くの学校で設置されるように
なりました。

　特別支援学級は障害のある児童生徒が籍を置いて学習するのに対して，通常
の学級に在籍しながら，ある時間だけ特別な教育課程で指導を受ける場が「**通
級指導教室**」です。前述の「障害のある児童生徒等に対する早期からの一貫し
た支援について（通知）」には通級指導教室の対象児童生徒として，ア）言語
障害，イ）自閉症者，ウ）情緒障害者，エ）弱視者，オ）難聴者，カ）学習障
害者，キ）注意欠陥多動性障害者，ク）肢体不自由者があげられています。
イ・ウ・エ・オ・クについては特別支援学級もありますから，特別支援学級に
在籍しなくてもよい程度で，一部特別な指導が必要とされる場合に通級指導の
対象となります。ア）言語障害についても特別支援学級がありますが，比較的
短時間に改善される場合が多く，設置しない自治体もあります（筆者の勤務す
る滋賀県には設置されていません）。したがって言語障害のある児童生徒は通級に
よる指導を受けることが多いようです。

　自治体によって通級許可が出るまでの流れは異なりますから，勤務した市町
村に尋ねていただくことになりますが，概ね保護者からの申請，審査，許可と
いう流れになります。審査の課程で諸検査を受けることもあります。構音障害
の場合，3か月程度で発音が明瞭になり，通級を終了することもあります。

5 特殊音節の指導

　日本語の書き言葉は意外と難しいです。たとえば「キヤ」は2音節であるのに対して「キャ」は1音節です。文字にするとよく似ていますがじつは違う音です。拗音や長音のような特殊音節は，文字を習い始めたころの児童にはかなり難しいものです。発音と同じように丁寧に指導する必要があります。また，**特殊音節**でつまずきを示す児童は，その他の学習場面でも困難性を示すことがよくあります。独立行政法人特別支援教育総合研究所の海津らは，特殊音節に焦点を当て，文字や語句を読んだり書いたり，滑らかに音読したりできることを目指し，**異なる学力層**の子どものニーズに対応した指導・支援（MIM）を提供しています。子どもが学習につまずく前に，また，つまずきが重篤化する前に指導・支援する必要があると考えたのです。

　発音に気をつけるとともに，読み書きにも心を配りながら指導することが入門期の子どもには必要であると考えています。

　構音障害や吃音のある子どもを通常の学級の授業の中で矯正するような指導は本人のプライドを傷つけたり，自信を無くさせたりしてかえってマイナスとなることがよくあります。**個別指導**を中心とした特別な指導を，きめ細かにかつ弾力的に指導できる通級指導教室の利用がよいかもしれません。

（山田　孝）

〈文　献〉

海津明子『多層指導モデルMIMによる学習困難への地域ワイドな予防的支援』
　　国立特別支援教育総合研究所，2017年。

北川敬一『吃音のこと，わかってください』岩崎書店，2013年。

守屋國光編『特別支援教育総論』風間書房，2015年。

笹森洋樹・大城雅之編著『通級指導教室運営ガイド』明治図書出版，2014年。

7　その他の特別な教育的ニーズのある子どもたち

1　Ａさんのケース

①暴言を吐き暴れるＡさん

　Ｂ先生は教職６年目で，はじめて２年生を担任しました。２年生は３学級で構成されていますが，どの学級も児童数は学級定数いっぱいで，「指導が難しい子」が何人もいます。Ｂ先生の学級も例外ではなく，その一人がＡさんです。

　Ａさんは険しい表情のときが多く，ちょっとしたことで急に怒り出します。また，わざと先生に叱られることや，周りの子が嫌がることをします。授業中に，これみよがしに手遊びしたりうろうろしたりしはじめ，消しゴムなどを他の子にあてたり椅子をけったりするのです。された子が抗議したりすると「なんや文句あるんか」と，にらみつけ今にもつかみかかりそうになります。先生が制止し厳しく注意すると，「いつもオレばっかり怒って」「どうせオレが悪いんやろ」「お前なんかきらいじゃ」「あほ，死ね」と叫びだし，先生の足をけったりいすを倒したりして暴れます。そして，「オレなんか，おらんかったらええんや」と言い残して，教室から飛び出したりもします。飛び出したＡさんは，運動場でひとしきり石や砂をなげたりしたことで気持ちが収まるのか，しばら

くすると教室に戻ってきます。そして，その時間の授業が終わるまで机に顔を伏せたままで過ごすのです。Ａさんには，その他にも気になるところがありました。突然ベタベタと甘えにきたり，給食のときは見違えるように生き生きしお代わりを何回もしたりすること，さらには衣類の汚れが目立つこと，など……。

②前担任からの引継ぎ内容と先生方からのアドバイス

　1年生のときの担任からの引継ぎによると，Ａさんの両親は彼が4歳のとき
に離婚しています。そして，母親はＡさんを保育所に預けて働くようになりま
した。保育所時代のＡさんは，集団の活動にも参加できていて，大きな問題も
なく過ごしていたようです。

　小学校に入学後のＡさんは，学習内容はまずまず理解できているとみられる
ものの，しだいに授業態度が悪くなり友だちとのトラブルが増えていっていま
す。入学と同時に入った学童保育も，2学期にやめています。友だちとのけん
かが絶えなかったこともありますが，連絡帳や電話など母親からの連絡・応答
が途切れることが急に増え，母親と学童の指導員との関係がまずくなったこと
が大きな原因のようです。そのころから母親と学校との連絡も途絶えています。
2年生になってからも母親の授業参観への参加や連絡帳の返事は1度もなく，
電話は着信拒否されたままとなっていました。

　悩んだＢ先生は，学年会議や職員会議で先生方にＡさんの問題を相談しまし
た。先生方からは，母子関係が十分ではないことはもとより，「虐待」も疑わ
れるとの指摘があり，「Ａさんが心を開き安定した気持ちで過ごせるようにす
るためにも，母親と結びつき力を合わせていくことが不可欠」「なんとかして
その糸口をつくる努力を」などと，助言され励まされました。

③やっと母親と会えたそしてつながれた

　連絡帳も電話でも連絡がとれない状況の下でＢ先生は，学校からの帰途にＡ
さん宅に立ち寄る「家庭訪問」を始めることにしました。会えない日が続きま
したが，ある日体調が優れず仕事を休んでいた母親と会うことができました。
はじめは，「どうせ私はダメ親だと思われてるんでしょ」とつっけんどんな態
度だった母親でしたが，Ｂ先生の「そんなことないです。遅くまでお母さんが
働いておられることは，毎日訪問させていただいている私が一番よく知ってい
ます。お母さん，頑張っておられますよ。」との一言から，お母さんの表情が
緩みいろいろ話し始められました。勤めていた会社が昨年倒産したこと，それ
以来パートを掛け持つダブルワーク，ときにはトリプルワークとなっていて帰
宅は深夜になること，「疲れが取れず体が重く休みたいけれども，休んだら収
入が減るので薬を飲みながら仕事に行っていること，気分が重くてＡさんがい

ろいろ言ってくるのが煩わしく『うるさい。お母ちゃんはしんどいんや。向こうへ行け』と手を上げてしまったり，『お前なんか産まんかったらよかったんや』と言ってしまったりすることもあること，朝ごはんも用意してやれないことも多いことなど，最後は涙を流しながら話されたのでした。

　それがきっかけとなり，母親とのメールが開通するようになりました。B先生から母親に，学校におけるAさんなりの頑張りを伝える中で，AさんからB先生にいろいろ話しかけてくれるようになっていきました。

④母親が過労で倒れて……

　その矢先，母親が過労で倒れ入院する事態が起こりました。そのことをAさんの話から知ったB先生はすぐにお見舞いに行き，1か月の入院治療を要し，退院後は無理をしてはいけない状況であることを知りました。とりあえず，疎遠になっていた実家から祖母が来てAさんの面倒をみてくれることになったとのことですが，母親は退院後の生活に不安を持っていました。そのことを知ったB先生は学校長に相談し，学校長がすぐに子ども家庭センターや市の福祉課などに働きかけ，就学援助制度さらには生活保護制度が利用できることとなりました。退院した母親は，ゆっくり療養できて気持ちにゆとりをもってAさんを受け止めることができるようになり，Aさんは，歯科受診し虫歯8本を治療できました。そうする中で，Aさんは衝動的な暴言・暴力，友達とのトラブルがめっきり減っていき，先生に自分の気持ちを話してくれるようになってきています。そして先日は「このころ，お母さんが，優しくなった」とうれしそうに話してくれたということです。B先生は「Aさんの笑顔がなによりうれしく，私自身が励まされています」と，話しています。

2　「特別な教育的ニーズのある子ども」

①「特別な教育的ニーズのある子ども」とは

　Aさんは，家庭の経済的な貧困とそれに起因する母子の関係や文化の貧困など，発達的な環境がきびしくなったことによって，特別な配慮・教育的なケアを必要とする特別な（教育的）ニーズをもつことに至っているといえます。

　それでは，そもそも特別な（教育的）ニーズをもつ子どもとは，どのような子どもと考えればいいのでしょうか。筆者は，自らの相談活動で出会った子ど

もたちを通して,「特別な(教育)的ニーズをもつ子どもとは,すべての子どもたちがもつ『愛情をもって護られ安全と安心のうちに生活する権利』,そして『発達する上で必要な養育・保育・教育を受ける権利』が,現在の社会において当たり前となっている水準で保障されるためには,一般的な範囲を越える特別な(教育的)配慮・ケアを必要としている子どもたち」と,整理しています。具体的には,前節までにとりあげられた障害や病気の子どもに加えて,Aさんのような貧困家庭の子どもや被虐待児,不登校やいじめの対象児,災害でトラウマを抱える子ども,帰国子女や外国にルーツをもつ子ども,などがそれにあたることが多いといえます。留意すべきは,実態的にはそれらの要因が複合し相乗的に働き合って特別な(教育的)ニーズを構成していることです。

②増えている「特別な教育的ニーズをもつ子ども」たち

　今,そうした子どもたちが増えていることを注視する必要があります。

　厚生労働省の調査によると,日本における2018年の**相対的貧困率**（世帯所得から税・社会保険料を除いた額を世帯人数の平方根で割った数値の中央値の半分以下の水準で生活している家庭の占める割合）は15.4％で,中でも,先ほど紹介したAさんの家庭のようなひとり親家庭の貧困率は48.1％（OECD主要国の中でワースト）となっています。そうした状況の下で暮らしている子どもの割合（子どもの貧困率）は13.5％となっていて,35人の学級であれば4〜5人程度存在していることになります。

　そうした貧困の問題と表裏の関係にあるのが,**児童虐待**です。厚生労働省は,毎年全国の児童相談所で対応した児童虐待について調査していますが,2019年度は前年度比3万3942件増の19万3780件となり,29年連続過去最多を更新したと発表しました。とくに,身体虐待に加えて,暴言や無視,面前DVなどの心理的虐待の増加が目立ったとしています。中には,死に至らしめる例も含まれ,2017年で77人に上っています。

　不登校については,文部科学省が小・中学校における年間30日以上欠席した児童生徒を不登校と定義したうえで,毎年調査を行っています。それによると,児童生徒数全体の減少が続いているにもかかわらず,不登校は増加し続けているのです。たとえば,ここ数年を見てみても,2014年度の不登校者数は12万2894人で全児童生徒数に対する割合は約1.20％（小学生2万5861人；0.39％・中

学生9万7033人；2.76％）でした。ところが，2019年度の不登校者は18万1272人；1.9％（小学生5万3350人；0.80％・中学生12万7922人；3.94％）と，数・率ともに増えているのです。不登校の理由として「家庭の状況」「対人関係」が多くあげられていたものの，学年が進行にするつれ「学習の遅れ」の割合も高くなっています。なお，日本財団も2018年度に中学生を対象に調査を行っていて，登校しても別室で過ごすなどのケースや「基本的に教室で過ごすが，学校に通うことを苦痛に感じる（仮面登校）」などの不登校予備軍は約33万人としています。両調査で共通して多かった不登校の「理由」は，「疲れる」「朝起きられない」などの身体的症状の他に，「授業が良くわからない」「テストを受けたくない」など学習にかかわるものも多く，「友達関係」や「家族」なども挙げられていました。

　こうした状況は，学級の子どもたちの中には不安定で不安な暮らしの中にあったり，学校生活に楽しさよりもつらさや息苦しさを感じたりしている子どもたちが少なからず存在している可能性のあることを示すものといえます。私たちには，そのことを念頭に置いて，子どもたち，とりわけ指導に難しさを感じる子どもたちの指導にあたっていくことが，求められているといえましょう。

3　支援や配慮のポイント

　Aさんのような特別な（教育的）ニーズをもつ子どもたちは，言葉では言い表せない（ときには本人も気づいていないような）思いやイライラ，葛藤や辛さを抱えています。不全感や疎外感，寂寥感そして不安を，衝動的にぶつけてしまうことが少なくないのです。だからこそ，そうした子どもたちに向き合い取り組みを進めていくうえで，とくに次の二点を大切にする必要があります。

　その第一は，「**共感のまなざし**」と「**客観的なまなざし**」をもって，子どもを丸ごと理解しようとすることです。

　"共感のまなざし"とは，子どもに寄り添いながらその内面をより深く理解しょうとする視点です。「どんなに否定的な姿を見せていても，その奥底には『よりよく自分を発揮できる自分でありたいし，よりよいかかわりを持ってもらえる自分でありたい』との願いを秘めているにちがいない」「であるにもかかわらず，なぜこの子はこんな否定的な姿で自分を表現せざるを得ないのだろ

うか」「その奥には，そうした願いを持ちつつも，そうできない自分自身や周囲との間に矛盾を感じ，その中で悩み葛藤し，その辛さやイライラをこんな姿で表現しているのではないだろうか」「この子はいったい何に悩み葛藤しているのか。この否定的にみえる姿を通して何を表現しようとし私たちに何を伝えようとしているのだろうか」といった視点です。

　このような"共感のまなざし"をもってその人の内面を読み解こうとするとき，助けとなるのが，発達や障害，そして生活の現実に視点をあてて客観的にかつ分析的に状況を把握しようとする"客観的なまなざし"です。「発達のつまずきや遅れ，偏りという視点からみると，この子の見せる姿の意味や課題をどのように読み取れるのだろうか」「障害があるためかもしれないとの視点を据えてみれば，その姿はどのように理解することができるだろうか」「生育歴や既往症，現在の生活実態を重ね合わせてみると，何がみえてくるのだろうか」「何よりも，この子が安心して自分を出せる心の居場所はあるのだろうか」など……。

　第二に必要なのは，そうした二つのまなざしによる丸ごとの理解を可能にするためにも，問題を一人で抱え込まずに**連携・協力**して取り組むことです。前述したD先生の場合のように，学年会そして職員会議，学校長を始め養護教諭やスクールカウンセラーなどとの校内における連携協力にとどまらず，福祉課や児童相談所などの福祉や医療機関などとの連携・協働なども重要です。そうした積み重ねが，分野や立場を超えた地域における子ども支援のネットワークを作っていくことにもつながっていきます。

　連携・協力という点でなにより重要なのが，保護者です。その点で留意する必要があるのは，Aさんの事例が示すように，特別な（教育的）ニーズを持つ子どもの姿の奥には，親自身が種々の生きづらさを抱えていることが少なくないということです。貧困の連鎖や虐待の連鎖のなかにあったり，さらには地域や職場で孤立していたり，子育てさらには生活や自らの人生に見通しが持てずに悩み追い詰められ，強い不安・心配・恐怖などに囚われ，場合によれば精神的な疾患をもつにいたることになっていたりなど……。

　Aさんの事例は，私たちが二つのまなざしをもってつながり合い協力し合い，子どもや親に寄り添っていくことの大切さを教えてくれているのではないでしょうか。

（青木道忠）

コラム3　未来の教師に向けて，保護者からの願い

　お母さんが「気にしなくていいよ」って言うから，気にしないでいたら怒られた。「そんなことないと思うよ」と言われると，自分を否定されたと思ってしまう。「楽しかった？」って聞かれると，期待されていることがわかるから，どう答えていいのかわからなくなる。小学5年生から不登校になった娘は，ずいぶん後になって，私の言葉をどのように感じていたのかを説明してくれるようになりました。親として優しく寄り添っているつもりだったのに，傷つけていたことにショックを受け，しかしまた同じような声かけをしてしまい，反省する…という日々をいまだに繰り返しています。

　認知の歪みがある子どもに対して，どうすれば善意の気持ちをうまく伝えることができるのか。先生方も困られることと思います。生徒一人ひとりが様々な背景のある中，発達障害の子どもを理解するのは大変だと思います。しかし保護者も家で悩んでいます。モンスターペアレントと思われぬよう，しかし現状を伝えるにはどうすればいいのか，苦心しています。

　我が子が発達障害と診断されたとき，親の育て方が原因ではない，対策方法がある，とわかってホッとしました。とはいえ，親が元気でないと子どもは元気になれないし，親が変わらないと子どもも変われないでしょう。育児に疲れて視野が狭くなったとき，担任の先生からの助言や励ましに何度も救われました。難しい子育てをする保護者にとって，先生は数少ない理解者です。小さな成長も一緒に喜んでいただけると，明るい気持ちになれます。

　子どもも親も学校の先生に求める優先事項は，障害に対する知識や解決方法より，まずは共感です。気持ちをわかってほしいのです。子どもは悪気があったのではなくわからなかっただけ。勘違いしていただけ。「そうだったのね」と話を聞いてもらえるだけで嬉しいのです。子どもたちは大好きな先生がいてくれれば喜んで学校に通います。その記憶は卒業後もずっと胸に残り，理不尽な思いをしたときの心の支えとなっています。

　娘は今，充実した大学生活を送りながら恩師との交流も楽しんでいます。先生が子どもたちの人生に与える影響は計り知れないとつくづく思うこの頃です。

（保護者B）

第4章

学校・家庭・地域・福祉・医療等との連携

1 家族と協同して子どもを育てる

1 子どもにとって家族とは？家族にとって子どもとは？

　家族は，子どもを中心に，両親や兄弟姉妹（以下，「きょうだい」と記す），祖父母などの血縁関係や，そのほか，施設で育つ子どもと職員の同居関係など，子どもの生活に深くかかわる人々を含む概念です。子どもは，家族と互いに影響を及ぼし合いながらともに暮らし，また地域の中で様々な人とかかわりながら生活しています。

　障害のある子どもの教育や支援において，子どもへの直接的なはたらきかけに加え，その家族へのかかわりがとても重要になってきます。子どもにとって最も身近な存在である**家族を支援**することは，間接的に子どもの発達や学習の機会を保障し，子どもの生活の充実につながるからです。国が示す考え方においても，家族は子どもの「重要な支援者の一人」であり（文部科学省，2003），子どもの「育ちの基礎」となる家族への様々な領域における支援の重要性が指摘されています（厚生労働省，2008）。

2 家族の立場や求められる役割の変遷

　障害のある子どもの家族の立場や役割は，時代や社会の在り方によって変化してきました（Turnbull et al., 2015）。周囲の誤解や偏見により，子どもの障害や子育てについて非難されるなど，家族は長い間辛い思いをしてきました。また家族は，わが子の支援者・指導者としての役割や，専門家の助言や決定に従うことを求められました。しかし1980年代から欧米などで「**家族を中心としたアプローチ**（family centered approach）」が提唱され，家族は子どもの権利擁護や意思決定を行うなど，主体的に子育てや社会参加を行うようになり，専門家と対等なパートナーとしての地位を築いていきました（レアル，2005）。そして親の会などの自助（self-help）グループの活動を通して，仲間たちと協力して制度や施策などへの提言を行うようになりました。この流れは，障害のある子

どもとその家族を中心に支援の内容や方法を考えるという現在の基本的な考え方につながっています。

3　障害のある子どもが家族の一員になること

わが子が病気になったり障害があるとわかったとき，家族の子どもの将来についての明るい見通しは一変するかもしれません。家族が子どもの障害について理解し，子どもの存在を受け入れることを「**障害受容**」といいます。初期の研究では，親がわが子に障害があると知ったときに，ショックを受け，悲しみや怒りを覚えた後，徐々に受け入れていくという段階説（Drotar et al., 1975）や，「絶えざる悲しみ（chronic sorrow）」が子どもや家族のライフイベントによって表面化するという「慢性的悲哀」説（ヤングハズバンド，1968）によって，障害受容の過程が説明されました。その後，子どもの障害を肯定・否定する気持ちが，子どもや家族のライフイベントによって見え隠れし徐々に変化する「らせん型」モデル（中田，1995）が提唱されました。

障害受容の過程は子どもの障害の種類や特徴，家族の状況や考え方などによって異なります。障害受容がすべての家族にとって正しい目標であるという認識では，親や家族の気持ちを真に理解し支援することはできません。家族がそれぞれのペースで，主体的に子どもに向き合えるよう支援することが重要です（中田，2002）。

4　親が感じること，思うこと

障害のある子どもの親は，子育てや障害受容の負担・困難感から，ストレスや不安を感じる機会が多いと考えられています。親のストレスや不安感の度合いは，適切な**ソーシャルサポート**（social support）があるかどうかによって変わってきます。ソーシャルサポートは，社会生活において人々が互いに行う励ましや助言，情報，物理的な援助などを意味します（Barrera & Ainlay, 1983; Barrera, 1986）。これまでの研究で，ソーシャルサポートがあると感じている人は，不安感やストレスの程度が低くなることがわかっています（Boyce et al., 1991）。

障害のある子どもの家族への支援に際し，家族の負担・困難感について理解

するとともに，ストレスや不安感を軽減するための取り組みを考える必要があります。また家族へのソーシャルサポートを保障し，家族が直面する課題の解決や問題発生の予防についても考える必要があります。

5　きょうだいが感じること，思うこと

きょうだいは，障害のある子どもについて，様々な感情を抱き考えています。友人に話せない，友人を家に呼べないと悩んだり，親が障害のある子どもにかかりっきりで寂しい思いをしたり，また障害のある子どもの将来について責任を感じたりしています。障害のある子どもとともに育つことによる影響などから，きょうだいは特有の悩みを抱えやすいと言われています（吉川，2008）。一方で，責任感がある，他者への思いやりがある，寛容である，自信があるなど，きょうだいだからこそ得られる**特別な経験**が，肯定的な影響を及ぼすとする報告もあります（Lobato, 1990）。

きょうだいへの支援について，欧米では早くから公的機関による事業や研究機関によりプログラムの開発が行われています。たとえば Meyer ら（2008）は，きょうだいが他のきょうだいたちと出会い，喜びや悩みを共有し学び合う**ピアサポート**（peer support）の場を提供しています。日本では1980年代ごろから，障害のある子どもの親の会など中心に，きょうだいへの支援が行われてきました。井上ら（2014）は，Meyer らのプログラムを参考に，発達障害のある子どものきょうだいのためのプログラムを実施したところ，きょうだいの意識や態度に肯定的な変化がみられ，また親の不安が軽減されたと報告しています。

6　家族の対等なパートナーとしての教師・支援者

障害のある子どもの家族への支援ニーズは個々に異なり，また子どもや家族のライフステージに応じて変化します。乳幼児期には，育てにくさや障害への気づき，診断告知，就園・就学先の決定など，家族は悩み，大きな決断を迫られます。学齢期には学習や仲間関係，学校との連携，進学に加え，異性関係や就職などの課題に向き合います。青年・成人期には，自立生活や就労，結婚・育児，親亡き後の問題が現れます。教師・支援者には，多様なニーズを把握し，家族の気持ちに寄り添いながら支援する姿勢が求められます（柘植・井上，

2007)。

　障害のある子どもの教育や支援では，教師・支援者と家族との協力および連携が求められます。たとえば学校では，子どもへの支援に関する相談に加え，個別の教育支援計画・指導計画の作成などを通して，家族が積極的に教育に参加することが期待されます。しかし，子どもの教育の意思決定について多くの親が消極的であることや（Turnbull et al., 2015），子どもの捉え方や教育の方針について，教師と親の間で共通の理解や課題意識を持つことの難しさが指摘されています（瀬戸, 2013）。一方で田村・石隈（2007）は，親が教師から支援を受けながら徐々に対等なパートナーへ変容していくと述べています。また柳澤（2014）は，家族が主体性をもつことによって教師との対等な連携が可能になると指摘しています。

7　家族間の支え合い

　障害のある子どもの家族への支援においては，専門家によるアプローチに加え，家族間の支え合いが重要だと考えられています。障害者基本法（2011）や発達障害者支援法（2016）では，国や地方公共団体が，障害のある子どもの家族のために，相談活動や情報提供，権利擁護を通して，家族間の支え合いを支援することが規定されています。

　障害のある子どもの家族間の支え合いは，欧米などで1980年代に起こった自助運動の中で実践や研究が行われ発展しました。日本でも当事者会や親の会などにより，障害のある子どもの家族をつなげる取り組みが行われてきました。家族同士の支援においては，似通った状況にいる者同士によるピアサポートの作用により，信頼感や仲間意識，満足感が得られやすく，専門家による支援とは異なる効果があると考えられています。障害のある子どもを育てた経験をもとに，ほかの親の悩みを聞き情報提供を行うなどの支援に従事する親は，**サポーティング・ペアレント**（supporting parent）や**ペアレント・メンター**（parent mentor）と呼ばれます（井上他, 2011）。日本では，ペアレント・メンターの活動や養成研修について，厚生労働省の「発達障害者支援体制整備事業」においてその重要性が示されており，各地で自治体による取り組みが行われています。

（竹澤大史）

〈文　献〉

Barrera, M. Distinctions between social support concepts, measures, and models. *American Journal of Community Psychology*, 14(4), 413-445. 1986.

Barrera, M., & Ainlay, S.L. The structure of social support: A conceptual and empirical analysis. *Journal of Community Psychology*, 11, 133-144. 1983.

Boyce, G., Behl, D., Mortensen, L., & Akers, J. Child characteristics, family demographics, and family processes: Their effects on the stress experienced by families of children with disabilities. *Counseling Psychology Quarterly*, 4(4), 273-288. 1991.

Drotar, D., Baskiewicz, A., Irvin, N., Kennell, J., & Klaus, M. The adaptation of parents to the birth of an infant with a congenital malformation: A hypothetical model. *Pediatrics*, 56(5), 710-717. 1975.

井上雅彦・吉川徹・日詰正文・加藤香編著『ペアレント・メンター入門講座　発達障害の子どもをもつ親が行う親支援』学苑社，2011年。

井上菜穂・井上雅彦・前垣義弘「障害児のきょうだいの心理的支援プログラムの効果」『米子医学雑誌』第65巻，2014年，101-109頁。

厚生労働省「障害児支援の見直しに関する検討会報告書」，2008年。http://www.mhlw.go.jp/shingi/2008/07/dl/s0722-5a.pdf

厚生労働省「発達障害者支援施策の概要」https://www.mhlw.go.jp/stf/seisakunitsuite/bunya/hukushi_kaigo/shougaishahukushi/hattatsu/gaiyo.html

レアル, L. 著，三田地真実監訳，岡村章司訳『ファミリー中心アプローチの原則とその実際　原題：*A family-centered approach to people with mental retardation*』学苑社，2005年。

Lobato, D.J. *Brothers, sisters, and special needs: Information and developmental disabilities*. Baltimore: Paul H. Brookes Publishing Co. 1990.

Meyer D.J., & Vadasy, P.F. *Sibshops: Workshops for Siblings of Children with Special Needs. Revised*. Baltimore: Paul H. Brookes Publishing Co. 2008.

中田洋二郎「親の障害の認識と受容の考察——受容の段階説と慢性的悲哀」『早稲田心理学年報』第27巻，1995年，83-92頁。

中田洋二郎『子どもの障害をどう受容するか——家族支援と援助者の役割』大月書店，2002年。

瀬戸美奈子「子どもの援助に関する教師と保護者との連携における課題」『三重大学教育学部研究紀要』第64巻，2013年，233-237頁。

田村節子・石隈利紀「保護者はクライエントから子どもの援助者のパートナーへとどのように変容するか——母親の手記の質的分析」『教育心理学研究』第

55巻3号，2007年，438-450頁。

特別支援教育の在り方に関する調査研究協力者会議（文部科学省）「今後の特別
支援教育の在り方について（最終報告）」，2003年。

柘植雅義・井上雅彦編著『発達障害の子を育てる家族の支援』金子書房，2007年。

Turnbull, A., Turnbull, R., Erwin, E. J., Soodak, L. C., & Shogren, K.A. *Families,
professionals and exceptionality: Positive outcomes through partnerships and
trust. 7th Ed*. USA: Pearson. 2015.

柳澤亜希子「特別支援教育における教師と保護者の連携――保護者の役割と教師
に求められる要件」『国立特別支援教育総合研究所研究紀要』第41巻，2014
年，77-87頁。

吉川かおり『発達障害のある子どものきょうだいたち――大人へのステップと支
援』生活書院，2008年。

ヤングハズバンド，E. L. 編，松本武子訳『家庭福祉』家政教育社，1968年。

障害者基本法の一部を改正する法律（平成23年法律第90号）。

発達障害者支援法の一部を改正する法律（平成28年法律第64号）。

2　地域や福祉と連携して子どもを育てる

1　乳幼児健診と障害の早期発見，早期療育

　障害を早期に発見し，その障害に応じた療育を早期に開始するためには**乳幼児健康診査**（健診）が大切です。市町村が実施している乳幼児健診には，１歳６か月児健診と３歳児健診があります。１歳６か月児健診では，①身体の発育状況，②栄養状態，③脊柱及び胸郭の疾病及び異常の有無，④皮膚の疾病の有無，⑤歯及び口腔の疾病及び異常の有無，⑥四肢運動障害の有無，⑦精神発達の状況，⑧言語障害の有無，⑨予防接種実施状況，⑩育児上問題となる事項，⑪その他の疾病及び異常の有無の計11項目を調べます。３歳児健診では，これらの項目に加えて，⑫眼の疾病及び異常の有無，⑬耳，鼻及び咽頭の疾病及び異常の有無を確認することになっています。

　これ以外にも，ほとんどの自治体で乳児期前期（１〜５か月）と後期（６〜12か月）の健診を実施しています。

　近年，発達障害を就学前に把握しようと５歳児健診に取り組む自治体がありますが，法制化には至っていません。

2　保護者の障害受容

　療育をすすめる上で，保護者の心理的状況を理解しておくことが大切です。たとえば，３歳児健診で障害の可能性を医師から告げられると「私の子がどうして障害になったのか，私のどこが悪かったのか」「どちらの家系が原因だろう」と考えることもあるでしょう。「この子の遅れは学校にあがるまでに追いつくのか」「具体的にどうしたらよいのだろう」とネットや本で調べ不安に陥ることもあります。

　ダウン症など先天性の場合は，出生直後に医師は障害のほか治療や療育ついて説明します。最初は混乱しますが次第に親の受け止めが変化してきます。一方，生まれたときは異常がなく，大きくなるにしたがって，言葉が遅い，行動

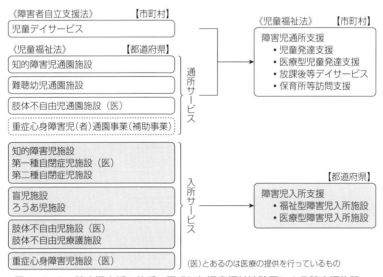

図4-2-1　障害児支援の体系〜平成24年児童福祉法改正による障害児施設・
　　　　　事業の一元化〜

（出典）厚生労働省「障害者自立支援法等の一部を改正する法律案の概要」

が気になる，あるいは周囲の人から指摘され，次第に障害が明らかになること
があります。あらかじめインターネットで調べた上で医療機関へ行くことも少
なくありません。そんな中で，通園施設などを見学することで，「障害児を育
てて頑張っているのは自分だけではない」と気づき，先輩の親からのアドバイ
スを聞くことや同じ仲間が心の支えとなり次第に落ち着いてきます。

　保護者の子どもの障害受容過程は，①ショック，②否認，③悲しみ・怒り・
不安，④適応，⑤再起と言われていますが，受容までは直線的でなく，行きつ
戻りつしながら進むものです。様々な形があることに留意する必要があります。

3　子ども・家族・地域を支える児童発達支援

　2003年に支援費制度の導入，2006年に**障害者自立支援法**施行，2012年に**児童
福祉法**の改正など療育を支える制度はめまぐるしく変わりました。規制緩和は
事業所の急増や療育内容の多様化をもたらしました。2012年，児童福祉法の改

正により，身近で専門的な療育を受けられることを目的として**障害児通園施設**の一元化が行われ，障害児通園施設及び**児童デイサービス**は「障害児通所支援」に再編されました。

　障害者自立支援法施行により，**措置制度**から**利用者契約制度**への移行，サービス提供者実績に応じた給付費の支給となりました。さらに通園施設への民間企業運営主体の事業所の参入などにより，療育の場は自由競争となりました。規制緩和や緩い指定基準により，放課後等デイサービスの事業所が爆発的に増加の一方，提供される支援内容や質の格差を生み，多くの問題が生まれました。そのため，2015年に「放課後等デイサービスガイドライン」，2017年に「**児童発達支援ガイドライン**」が策定されました。

4　障害のある子どもの生涯にわたっての支援

　2003年に文部科学省は，「今後の特別支援教育の在り方について（最終報告）」において，「教育，福祉，医療，労働等が一体となって乳幼児期から学校卒業まで障害のある子ども及びその保護者等に対す相談及び支援を行う体制の整備を更に進め，一人ひとりの障害のある児童生徒の一貫した個別の教育支援計画を策定する必要がある」と提言しました。

　図4-2-2は，ここではじめて提示された障害のある子どもを生涯にわたって支援していく流れを示した図です。

　障害児の生活指導を考えるとき，子どもの乳幼児期からの育ちの過程については把握しておくことがとても大切です。特別支援学校や特別支援学級で学ぶ子どもの家族の多くは，乳幼児期のどこかで，子どもに障害があるかもしれないことを指摘され，家族は大きな衝撃を受ける経験をされます。様々な困難に直面し，特別支援教育の必要性を認識されるに至って就学しています。

　特別支援教育に携わる教師は，一人ひとり異なる子どもの乳幼児期からの成育史を把握した上で生活指導にあたることが大切です。担任が変わるごとに保護者がその内容を伝えなければならないようになることを避けるため，成育史や子どもの障害の状態などの基礎的な情報は，学校で守秘義務遵守の徹底や情報漏洩の危機管理について十分に配慮したうえで学年が上がるごとに引き継ぐことが必要です。

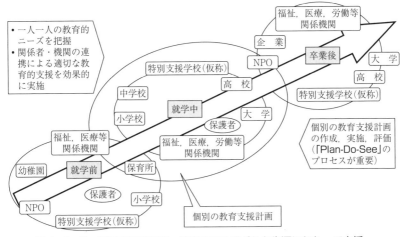

図4-2-2　個別の支援計画─障害のある子どもを生涯にわたって支援─

（出所）文部科学省「今後の特別支援教育の在り方について」（最終報告）2003年。

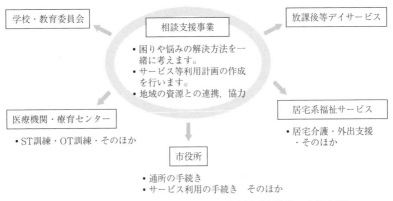

図4-2-3　ライフステージに応じた相談支援（小学校～高校卒業）

（出所）社会福祉法人大分県福祉会ホームページ「相談支援事業所うえの園」
　　　　https://oitakenfukushikai.com/publics/index/73/（2020年2月19日閲覧）

5　相談支援事業

　市町村は，障害児者が地域の中で安心して自立した豊かな生活を営むことができるよう，総合的な相談支援事業を提供しています。

　図4-2-3は，ある自治体の相談支援事業所がライフステージに応じた相談

《関係機関の参加》
ここに示していない機関も，検討テーマによって随時参加していただくことを予定しています。

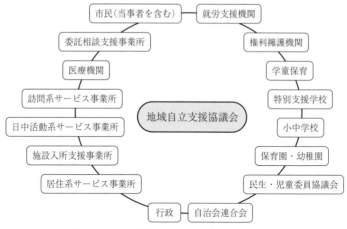

図4-2-4　地域自立支援協議会の参加機関

（出所）東松山市ホームページ「東松山市地域自立支援協議会」
　　　　http://www.city.higashimatsuyama.lg.jp/kurashi/fukushi_korei/welfare_for_the_
　　　　disabled/jiritsukyo/1526620456611.html（2020年2月19日閲覧）

支援について示した様式図です。一例として参考にしてください。

6　地域における自治体や関係機関との連携

　地域自立支援協議会は，2012（平成24）年に市町村における障害者の生活を支えるため，地域における課題を共有し，地域のサービス基盤整備を進めていくために設置されました。

　図4-2-4は，ある自治体が地域自立支援協議会に参加する諸機関を例示したものです。

　このように地域の障害者関係機関が連携し，福祉制度を活用して障害のある子どもたちが地域で安心して育っていけるシステムができてきています。

7　障害児の放課後を豊かに

　学童保育への障害者受け入れは，障害のある子どものいる保護者の就労を継続させるうえで，なくてはならないものになっています。また，障害児と健常

児が放課後をともに過ごす中で相互に理解し合いともに育つという点で，共同学習・交流学習の意味をもち，インクルージョンの具体的実践形態の一つでもあります。

　厚生労働省は，2008年度より「障害児受入推進事業」を，2015年度には，「障害児受入強化推進事業」を実施し，職員の加配，医療的ケア児の支援に必要な専門職員の配置も行ってきました。また，児童福祉法の改正で学童保育の対象が「10歳未満」から「小学校に就学している児童」に拡大されました。しかし，中高生期でも学童保育がないと障害のある中高生が家庭や地域で安全に過ごすことができず，保護者の就労継続が困難になるケースもあります。

放課後等デイサービス

　障害児にとって平日の放課後の過ごし方は，ひとりぼっちか保護者と家庭で過ごすことが多く，テレビを見るかゲーム等をするという実態がありました。1992年に学校五日制となり障害児の**放課後保障**は家族にとって大きな課題の一つとなりました。夏期休業中にサマースクールが全国各地で実施され，障害児学童クラブも開設されました。それらは，主に保護者やボランティアによって運営されてきました。

　2012年に児童福祉法にもとづく障害児通所支援事業の一つとして，障害のある学齢期の子ども（小中高生，特例で20歳未満まで利用可能）を対象に「放課後等デイサービス」が実施されました。障害児の放課後保障は，①余暇保障（第三の居場所としての時間・空間・仲間の保障），②障害児と家族への生活支援（子育て支援），③障害児の発達保障（遊びや生活の指導，集団保障）の目的があります。

　放課後等デイサービスの利用者は20万人，事業所は12,000カ所（2018.8 厚労省）を超え，6年間で4倍に急増しました。

（小畑耕作）

〈文　献〉
厚生労働省ホームページ「障害児支援施策」
玉村公二彦・黒田学・向井啓二・平沼博将・清水貞夫『新版 キーワードブック特別支援教育——インクルーシブ教育時代の基礎知識』クリエイツかもがわ，2019年。

3 医療と連携して子どもを育てる

1 医療との接点

　子どもは生まれてから大人になるまでに，様々なところで医療がその成長や発達を支えています。産科では，生まれる前から母親と胎児の健康を守っており，生まれたての赤ちゃんも，産科を退院する前に健康かどうか医師の診察を受けます。退院すれば，保健センターや近くの小児科で予防接種を受けて病気を予防します。もちろん，熱を出したり，咳き込んだり，下痢や発疹が出るなど体調が悪くなれば，保護者がかかりつけの小児科に連れて行き治療を受けさせます。

　さて，子どもの発達の遅れや障害は，どのように発見されるのでしょうか。ダウン症など，生まれてすぐに病院で検査をして診断される先天性の障害があります。体重がとても小さく生まれた赤ちゃんは，集中治療室で治療を必要とすることもあり，退院してからも見え方や聞こえ方，歩き方や話し方など病院でフォローしますので，そこで見つけられることがあります。その他，乳幼児健診で気づかれて診断につながることがあります。他にも，親や学校の先生が最初に気づいて，障害であるとわかることもあります。

2 気づきから医療へ

①健診から医療へ——乳幼児健診

　女性は妊娠すると，役所に行って**母子健康手帳**（母子手帳）を発行してもらいます。この手帳には，「あやすと笑いますか」「はいはいをしますか」「意味のある言葉を話しますか」など，子どもの様子を尋ねる質問があり，「はい」「いいえ」に○をつけていくと子どもの発育や発達の目安がわかります。また，役所からは必ず**乳幼児健診**のお知らせがあり，親は子どもを地域の**保健センター**などに連れていきます。ここでは，小児科の医師や保健師が目の病気や耳の聞こえ，運動や言葉の発達を調べます。遅れがありそうな場合は詳しく様子

をみていき，より専門的な医療機関や療育施設を紹介します。

②家庭から医療へ――「育てにくさ」

　親が子どもを「周りの子どもとは何かが違う」と感じて，身近な人や学校の先生，かかりつけ医に相談し，そこから専門的な病院に紹介されることがあります。このルートで発見される障害には，自閉スペクトラム症や注意欠如・多動症などの発達障害があります。これらは，見てわかる障害ではありません。乳幼児健診でとくに何も言われたことはなくても，一緒に暮らし，集団で過ごしてはじめてその特徴に気づかれるのです。

③学校から医療へ――「指導の難しさ」

　担任の先生が，子どもを「指導しにくい」「周りの子どもとは何かが違う」と感じたら，特別支援学級や特別支援教育コーディネーターの先生に相談します。校内委員会に諮り，そのアドバイスに従って工夫を重ねて対応します。それでも解決しない場合は，ほかの支援機関，たとえば近くの特別支援学校の**地域支援センター**などに紹介すると，支援チームからアドバイスを受けることができます。この支援チームには，教師のほか，小児科医や児童精神科医，心理士，ソーシャルワーカーなどの専門職がチームのメンバーとして相談にあたっています。また，保護者には，発達を専門とする病院の受診を勧めることもあります。

3　診断と告知

①保護者への告知

　病院では，子どもの診察をし，必要な検査を行い，保護者から生まれてからこれまでの情報を聞き取り，発達の遅れや障害の原因を探り，最後に診断をします。この結果は，保護者に告げます。子どもについて，診断名とその原因，治療や将来の見通しといった，病気や障害に関する情報の他にも，リハビリテーションや療育，暮らしにおける工夫や支援，活用できる福祉制度などを紹介します。どの学校，どの学級で学ぶことが子どもの成長発達にとって望ましいか，について医療的な視点でアドバイスもします。

　保護者に**告知**するときは，正しい情報を伝えることは必要ですが，気持ちの変化にも十分配慮します。なぜなら，子どもの病気や障害を告げられると，親

は突然の衝撃を受け，気持ちは揺れ，不安なあまり楽しく子育てするのが難しくなるからです。逆に，親が「育てにくさを感じながらも，病気や障害であると分からず，診断が下りてホッとした」，「目指す治療方針が定まって子育てに迷いがなくなった」「自分の育て方のせいではないとわかって腑に落ちた」，といわれる場合もあります。いずれにしても，親の細かな心の動きに十分配慮します。

②本人への告知

　保護者に伝えたのちに，子どもたちに相応の理解ができる場合は，発達段階や状況に合わせて，本人にも病気や障害，治療について伝えることがあります。もちろん，事前に保護者や担任など身近な大人と十分相談して，告知の時期，方法を決めます。告知後は，子どもがどのように理解したかも情報交換しながら見守ります。わかりやすい言葉を選び，病気や障害，治療や検査，今後の見通しなどについて伝えます。告知の目的は，子どもたちが，できないことがあっても自分の努力不足ではないと知り，自分のおかれた状況を理解すること。自ら支援を求める権利があることを知り，自分を過小評価せず，成功体験を積み重ねて，夢をもち自己実現を果たしていくために行う，支援の一つです。

③障害受容

　もし，皆さんが障害を告げられたら，どのような気持ちになるでしょうか。ショックを受け，なぜ自分が障害を負うことになったのかと問いかけ，腹立たしく，そんなはずはないと否定し，努力しても治らないとあきらめる，といった複雑な気持ちを抱くでしょう。一方で，治療や支援を受ける体験を通して，知らない世界を知り，人生に対する価値観が変化するかもしれません。しかし，いったん親や子ども自身が，障害を受け止めたはずなのに，進学や就職といった人生の岐路で思うような選択肢が見あたらなければ，迷い苦しみ，ふたたび気持ちが揺らぐこともあります。医療における支援は，子どもと保護者が安心し，希望をもって社会で暮らし，自己実現していけることを目指して，一緒に考えアドバイスする，生涯にわたる伴走者としての役目も担うのです。

4　医療の役割

　障害のある子どもたちは，視覚障害では眼科，聴覚障害では耳鼻科，病弱・

身体虚弱では小児内科や小児外科，重症心身障害児では小児神経科，知的障害・発達障害では児童精神科や小児神経科，脳性まひでは小児神経科や整形外科，というように，障害の種類によって受診する診療科が異なります。一人の子どもが複数の病院や診療科にかかっていることも少なくありません。障害への治療方針を決めるのは専門の病院ですが，日頃の体調不良はかかりつけの小児科で診ていることもあります。病院では，様々な医療専門職がチームで障害のある子どもとその家族を支援しています。

①検査・診断・治療

　医師は，障害の原因となる病気を調べるために，子どもにいろいろな検査や診察をし，子どもの様子を親に聞いて情報を集め，総合的に診断して治療方針を立てます。治療の方法によって，外来だけでなく入院が必要になることもあります。子どもによっては，知的障害と脳性まひ，ダウン症と心臓の奇形というように，二つ以上の病気や障害を有することがあります。主治医や看護師は，子どもの検査・診断・治療をするときに病気をみるだけではなく，子育ての悩みを聞いてアドバイスを行うなど，親への心理的なサポートも欠かせません。もちろん，これらは保護者への**説明と同意**（インフォームド・コンセント）を得て行います。また，子どもの理解に合わせてわかりやすい言葉を選び，説明（インフォームド・アセント）もしています。

②環境調整

　治療のほかに，子どもが過ごす環境の調整も大切です。障害のある子どもが日々の暮らしを送りやすいように，身辺自立，学習，対人関係，食事，進路，などについてアドバイスをします。また，学校と連携して，教室での子どもの様子を確認し，指導上の留意点を伝えます。手術や入院が必要な場合は，家族から離れて過ごすので，生活環境が大きく変わります。入院が一定期間続く場合は，**院内学級**に籍を移して学びます。院内学級では，教師は子どもの病気や障害の知識，本人や家族の心理状態を十分に把握したうえで，子どもたちの授業が行われます。

③発達や知能の評価

　子どもの理解を深めるために，運動や認知機能，社会性などの発達を評価します。評価方法には，身近な大人に子どもの様子を尋ねる質問紙検査のほか，

心理士が一対一で行う発達検査や知能検査があります。

　発達や知能には，全体的な遅れがある場合や，得意と不得意の差が大きい場合があります。このことに気づかれず，やる気がない子，甘えている子，とみなされ，大人に叱られていることがあります。これは，やる気の問題ではなく，発達に見合わない難しすぎる課題であることや，学習する環境に課題があるのかもしれません。発達検査，知能検査には，いくつか種類がありますので，どの検査をするのがよいか，心理士と相談して決めます。なお，肢体不自由や視覚障害，聴覚障害があると，できる検査も限られるので，日頃の生活や学習の様子をよく観察して，発達の状態を推測します。

④補装具を作るときに

　身体障害や難病のある子どもは，補装具が必要になるでしょう。たとえば，肢体不自由には，座位保持椅子や装具，歩行器など。視覚障害には，眼鏡や白杖，聴覚障害には補聴器など。自力で呼吸が難しい場合は，人工呼吸器を自宅や学校で使います。この補装具の費用や医療費の助成などの申請に，医師の意見書が必要となる場合があります。

⑤コメディカル（理学療法，作業療法，言語訓練，認知行動療法ほか）

　コメディカルの専門職が，主治医の指示のもと訓練や指導を行います。麻痺や不器用さなど，体や手指の動きの改善には，理学療法士や作業療法士。聞こえや言葉，コミュニケーション指導は言語聴覚士。他にも，心の病気や発達障害には，心理士によるカウンセリングや認知行動療法などです。他にも栄養士による栄養指導，医療ソーシャルワーカーによる福祉制度の情報やサポートを提供します。

⑥薬物療法

　医師が診断の結果必要と判断した場合，薬の処方箋を書いて薬剤師が処方します。薬にはいろいろな種類—内服薬・外用薬（塗り薬，湿布薬，点眼薬，点鼻薬，吸入薬，座薬）・注射薬・点滴薬など—があり，使い方も毎日使うものや臨時で使うもの，頓用などがあります。薬の管理は，通常の学校では本人が管理しますが，特別支援学校では主治医と保護者からの依頼を受けて書類を交わし，保健室で管理して，養護教諭や担任が服用などを介助することもあります。

★国際生活機能分類（ICF）̅͜ξ͜ι͜ξ͜ι͜ξ͜ι͜ξ͜ι͜ξ͜ι͜ξ͜ι͜ξ͜ι͜ξ͜ι͜ξ͜ι͜ξ͜ι͜ξ͜ι͜ξ͜ι͜ξ͜ι͜ξ͜ι͜ξ

　世界保健機構（WHO）は，2001年に国際生活機能分類（ICF）で障害の考え方を示し
ました。これに沿って考えてみましょう。子どもの健康状態は，病気によって大きく影
響を受けますが，心身機能や身体構造を向上させ，日常の活動や社会参加への影響を最
小限にするために，医療は教育や福祉とも手を携えて，子どもの人生を支えているので
す（図4-3-1参照）。

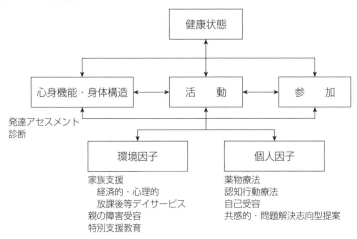

図4-3-1　ICF の定義

ξ͜ι͜ξ͜ι͜ξ͜ι͜ξ͜ι͜ξ͜ι͜ξ͜ι͜ξ͜ι͜ξ͜ι͜ξ͜ι͜ξ͜ι͜ξ͜ι͜ξ͜ι͜ξ͜ι͜ξ͜ι͜ξ͜ι͜ξ͜ι͜ξ͜ι͜ξ

⑦書類作成（診断書，医療情報提供）

　障害や病気についての診断書を作成したり，福祉制度を利用するための各種
申請書を作ることも，医師の役目です。他の専門医を紹介する場合や，保護者
に求められて，学校や保育所に具体的な支援について伝える場合には，医療情
報提供書を作成します。

（小谷裕実）

1　障害のある子どもの早期発見・早期からの支援

　障害のある乳幼児やその保護者へ早期から相談支援を行うことは，子どもの健やかな成長を支え，保育所・幼稚園・認定こども園（以後幼稚園等と称します）での適応を促すことにおいて重要です。発達の遅れなどについては，保護者の気づき，市町村保健センターが実施する乳幼児健診，幼稚園等での気づきなどにより発見されます（3節参照）。その後，保健師による育児に関する相談などのフォローや心理士や言語聴覚士による発達相談を経て，継続的な観察・相談が必要と判断された子どもは，市町村に設置されている親子教室が紹介されます。親子教室では，「遊び」を通して子どもの発達の様子を定期的に観察したり保護者の子育ての相談を行ったりします。発達上の課題により支援が必要であると判断された子どもには，児童発達支援センターなどの通園施設が紹介され，療育等の支援が開始されます（図4-4-1）。

　早期からの支援については，子ども本人へのアプローチは大切ですが，子どもを育てる保護者の不安やストレスによる気分の落ち込みなどへのサポートや子育てへのサポートも重要です。障害のある子どもの保護者は，発達の遅れに気づき始めた段階から強いストレスにさらされ，医師や心理士などの専門家から子どもの障害の説明を受けたときには大きなショックを体験します。そのような精神的なダメージが十分に回復されないまま子育てを行っている保護者は少なくありません。近年，自治体では，「子育て世代包括支援センター」を開設して全ての妊産婦の状況を継続的に把握し，妊娠期から必要な相談や支援を切れ目なく実施できるシステムの構築が進められています。障害のある子どもを産み育てる母親についても，障害の気づきの段階から，不安に寄り添う切れ目のない子育て支援を提供できる体制の整備が求められています。

相談支援ファイルの活用

　特別な支援を必要とする子どもには，医療・保健・福祉・教育などにかかわ

る担当者と保護者が必
要な情報を共有して一
貫性のある支援を行う
ことが重要です。その
ためのツールの一つと
して「**相談支援ファイ
ル**（サポートファイル）」
があります。保健・福
祉部署を中心に普及が
進められており，自治
体が独自の名称を使用

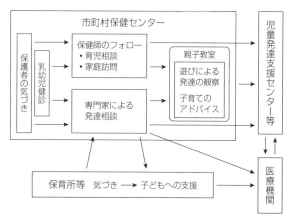

図4-4-1　乳幼児の発達の遅れの発見から支援の流れ

したり様式を作成したりして配布を行っています。ファイルの内容は，名前，
住所，診断名，発達の様子，家庭での様子，サポートを受けるにあたり必要な
情報等の欄からなるプロフィール，医療に関する情報，福祉サービスに関する
情報，療育の内容や療育での様子，保育所・幼稚園・学校の所属歴や支援の様
子，相談の記録等で構成されています。「相談支援ファイル」の記入・保管は
保護者が行う自治体が多いですが，福祉関係部署や教育委員会が保管・活用し
ている自治体もあります。「相談支援ファイル」を活用することにより，①保
護者が記入したファイルを児童発達支援センターや保育所などに示すことによ
り子どもの状態が把握できる，②他の支援機関での支援内容についての情報も
知ることができ，個別の（教育）支援計画の作成や子どもへの具体的支援に活
用できる，③子どもを支援する機関同士の連携がしやすくなる，④ファイルを
示すことにより，支援する機関にその都度保護者が子どものことを説明する負
担を軽減することができる，などの効果が期待できます。

2　障害のある子どもの発達支援

　「**発達支援**」とは，「障害の軽減・改善」という医学モデルの支援にとどまら
ず，地域・家庭での育ちや暮らしを支援する生活モデルの支援を重要な視点と
してもつ概念とされています（全国児童発達支援協議会，2016）。「発達支援」で
は障害が確定しない段階の子どもにも対象を広げて支援を行い，家族への支援

表4-4-1　児童発達支援センターで働く専門職

心理士	心理検査などのアセスメントや応用行動分析等，心理の専門性を生かしたアプローチを行う。
言語聴覚士	言語の発達の遅れや聴覚や発声・発語機能に障害がある子どもに専門的な立場からアプローチを行う。
作業療法士	日常生活の動作，運動遊びなどの活動を分析しながら感覚運動面のアプローチを行う。
理学療法士	身体に対して運動やその他の手段を用いて，日常生活動作の改善へのアプローチを行う。
視能訓練士	視機能に関する検査や教材，環境づくりなどにより視機能を向上させるアプローチを行う。
保育士	子どもの保育を通して全般的な発達への支援を行う。

や子どもが生活する地域づくりへの取り組みなど，子どもを取り巻く環境への支援も行われます。

児童発達支援センター等での発達支援

　療育が必要な子どもは，**児童発達支援センター**や児童発達支援事業所など（以後児童発達支援センター等と称します）の通園施設が紹介されます。それらは障害のある子どものための通所の施設で，福祉型の施設と医療型の施設があります。子どもの障がい等の状態や発達の特性に応じて，様々な専門職が子どもの発達支援に携わっています。児童発達支援センター等では各専門職がそれぞれの専門性を活かしながら子どもの発達を支えています。

　児童発達支援センター等では，次のような取り組みが行われています。

　①個々の子どもの発達の状態や障害の特性などについて適切なアセスメントを行い支援のニーズを把握します。②支援のニーズに対応しながら療育のプログラムを立てます。③個別療育や小集団での「遊び」を中心とした活動を通して，担当者が適切にかかわり，運動面，認知面，情緒面，他者とのかかわりやコミュニケーションなどの発達を促します。

　子どもに対して効果的な支援を行うためには，療育を行う児童発達支援センターと幼稚園等，家庭が連携し，それぞれの機関での様子や子どもの発達の状況を共有しながら進めることが求められます。

3　保育所・幼稚園・認定こども園での特別な支援

　幼稚園等で支援が必要であると判断された子どもについては，障害の診断の

有無にかかわらず，個々の教育的ニーズに対応した支援が行われています。

①幼稚園等での支援体制

　幼稚園等には園内委員会が設置されています。園長，特別支援教育コーディネーター，主任保育者，担任保育者などで構成されており，支援が必要な子どもの把握，支援の方向性，支援体制づくり，園内研修の企画など，幼稚園等での特別支援教育に関する様々な協議が行われます。個々の子どもへの具体的な支援の方法や内容について協議を行うために開かれるのが**ケース会議**です。ケース会議は必要に応じて開催され，特別支援教育コーディネーター，担任保育者，対象となる子どもにかかわる園内の関係者によって協議が行われます。

　幼稚園等では，**個別の教育支援計画・個別の指導計画**を作成して支援を行います。個別の教育支援計画は，幼稚園等が中心となり保健，医療，福祉等の機関の関係者と保護者が参加して作成されます。個別の指導計画は子どもの実態を的確に把握して幼稚園等での具体的な支援を行うために作成されます。

②幼稚園等での具体的な支援

　幼稚園等ではユニバーサルな環境作りが進められています。**ユニバーサルな環境**とは，障害のある子どものみならず全ての子どもにとって生活しやすい環境といえます。スロープの設置などのハード面に加えて，たとえば1日のスケジュールが見てわかるように教室の前面に掲示したり，トイレの前で脱いだ靴をどこに並べればよいのかわかるよう，靴の底の形のイラストを床に貼ったりするなどの視覚的な支援の工夫が行われています。

　ユニバーサルな環境作りとともに，個々の子どもに対する**合理的配慮**も行われます。たとえば，障害のある子どもが登園して朝の準備をするとき，自分の持ち物の置き場所がわかりやすいように，棚やぼうしかけに子どもの好きな色のシールやその子どもの写真を貼るなどの視覚的な支援を行ったり，子どもの動線を考慮した物の配置をしたりするなどの工夫が行われています。

　また，幼稚園等では，**特別支援教育支援員**が配置されています。支援員は，配慮・支援を必要とする子どもに対して，日常生活での行動やコミュニケーション，友だちとのかかわりなどについて発達支援を行っています。具体的には，「担任保育士が指示や説明を行うとき，子どもの傍らでイラストを用いて個別に指示をする」「工作のときに，個別に作り方の見本を示す」「園庭の遊具で安

全に遊べるように個別に見守りや介助の支援を行う」などが挙げられます。このように，支援員は，支援が必要な子どもが園の生活の中で最大限に成長できるよう担任保育者と連携しながらニーズに対応した支援を行います。

③幼稚園等を支える機関

各地域には幼稚園等を支える仕組みがあります。市町村の教育委員会は，巡回相談員の配置や専門家チームの設置を行っています。巡回相談員は幼稚園等を巡回して，子どもの様子を観察し，子どもへの具体的支援について助言を行います。専門家チームは保健，医療，心理，特別支援教育等の専門職で組織され，子どもの困難さの判断や対応についてアドバイスを行います。また，特別支援学校の地域支援センターが，保育者などへの相談や幼稚園等への訪問支援を行っています。児童発達支援センター等も訪問支援を行っています。

4 就学移行期の支援

小学校や特別支援学校への**就学先の決定**は，保護者にとってはじめて経験する大きな岐路であり容易ではありません。保護者への就学に関する相談は早期から開始し，保護者の気持ちに寄り添いながら丁寧に行うことが求められます。

①就学先決定の仕組み

就学先の決定に当たっては，本人・保護者に対し十分な情報提供をしつつ，本人・保護者の意見を最大限に尊重し，本人・保護者と教育委員会，学校等が教育的ニーズと必要な支援について合意形成を行うことが原則とされています。合意形成を行うにあたっては，障害のある子どもと障害のない子どもがともに学ぶことを目指しながら，その子どもが授業の内容がわかり学習活動に参加している実感を持ちながら学校生活を過ごすことができるのかの視点で総合的に判断することになります。

就学に係る相談には在籍する幼稚園等での相談の他に，①市町教育センターでの相談，②小学校や特別支援学校での相談，③就学時健康診断での相談等があります。相談では，子どもの幼稚園等や児童発達支援センター等での様子や発達の状況，子どもに関する情報を保護者に提供して理解を深めていきます。

②保護者への相談での留意点

保護者への情報提供については，学びの場と支援に関することを丁寧に説明

することが重要です。小学校の通常の学級での配慮・支援，通級による指導，特別支援学級や特別支援学校での指導・支援があります。加えて，小学校や特別支援学校の校内支援体制や合理的配慮について，わかりやすい資料を用いて説明するなどして保護者の理解を深めることが必要になります。また，保護者に小学校・特別支援学校を見学してもらい，施設の状況や学習の様子を実際に見てもらうことも大切です。就学先決定のための相談支援には，送り出す幼稚園等と受け入れる小学校や特別支援学校が共通した方向性を持ち，保護者が安心して子どもを就学させることができるように進めていくことが求められます。

③就学移行期の連携

　障害のある子どもが小学校などへ就学後，健やかに安定して学校生活を送るためには，必要な支援を継続することが重要です。就学移行期には，幼稚園等と小学校との間で個別の教育支援計画を基にした子どもに関する情報を適切に引き継ぐための連携が行われます。小学校の特別支援教育コーディネーターが幼稚園等を訪問して子どもの様子を観察したり，幼稚園等と小学校の担当者が引継ぎ会を行ったりして子どもについての情報や支援内容の引き継ぎを行います。引継ぎの方法は自治体により異なりますが，就学にかかる支援の手引きを作成している市町もあり，障害などにより特別な支援が必要な子どもが小学校での生活をスムーズに開始できるよう様々な取組みが行われています。

（井上和久）

〈文　献〉

市川奈緒子・岡本仁美編著『発達が気になる子どもの療育・発達支援入門』金子書房，2018年。

厚生労働省『児童発達支援ガイドライン』2017年。

文部科学省初等中等教育局特別支援教育課『教育支援資料——障害のある子どもの就学手続きと早期からの一貫した支援の充実』2013年。

文部科学省『発達障害を含む障害のある幼児児童生徒に対する教育支援体制整備ガイドライン——発達障害等の可能性の段階から，教育的ニーズに気付き，支え，つなぐために』2017年。

立花直樹・中村明美・松井剛太・井上和久『障害児の保育・福祉と特別支援教育』ミネルヴァ書房，2019年。

全国児童発達支援協議会『発達支援の指針（CDS-Japan 2016年改訂版）』2016年。

5　学校卒業後まで連続して支援する

1　子どものライフステージを考えて

　すべての子どもたちは，健康状態や障害などの有無にかかわらず，心身とも
に成長します。小学校入学前には，家庭や保育所・幼稚園が遊びや生活の中心
だった子どもだちも，小学校入学とともに，生活や学習の場面が広がります。
中学校やその後多くが進学する高等学校段階では，担う役割がさらに広がり，
その重みも増してきます。それは，障害のある子どもも同じです。そして，高
等学校段階を終えると，大学等に進学する者，就職などで社会参加し自立する
者など，一人ひとり違った**ライフステージ**を歩むことになります。まさに，中
央教育審議会（2011）が「人が，生涯の中で様々な役割を果たす過程で，自ら
の役割の価値や自分と役割との関係を見いだしていく連なりや積み重ね」をキ
ャリアであると述べていますが，子どもは成長・発達の過程で，様々な役割を
担い，自分の得意なことや苦手なこと，やりたい仕事など，自らの生き方やあ
り方を考え，キャリア形成を行う主人公となるべきです。そのために，障害な
ど特別な教育的ニーズのある子どもは，適切な指導と必要な支援を考える上で
配慮が必要なのかもしれません。

　このことをスーパー（Super, 1980）は「**ライフキャリアの虹**」（図4-5-1参
照）で，生涯における役割の分化と統合の過程として表しています。スーパー
は，ある男性の人生をモデルに，その男性が自分が様々な役割を果たすことで，
関係づけや意味づけをしていく過程をモデル化しています。たとえば，小学生
の段階では，子どもの役割と小学校の児童という役割，さらに高学年では余暇
人という役割が加わります。これが中学生になると，さらに市民という役割が
加わるといった具合です。人は誰もがそのライフステージで担う役割があり，
それぞれの関係づけ，意味づけの中でそれらを担っていくのです。

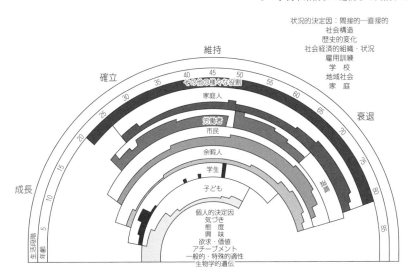

―ある男性のライフ・キャリア―

「22歳で大学を卒業し，すぐに就職。26歳で結婚して，27歳で１児の父親となる。47歳の時に１年間
社外研修。57歳で両親を失い，67歳で退職。78歳の時妻を失い81歳で生涯を終えた。」D.E.スーパー
はこのようなライフ・キャリアを概念図化した。

図４-５-１　ライフ・キャリアの虹（Super, 1980）

（出所）文部省（1992）

2　自分が思い描いた働く生活を実現するために

　学生のみなさんが，卒業後，小・中学校で担任する子どもに特別なニーズが
ある場合，その子どもたちが自分の思い描く働く生活を送るために，担任とし
て考えなければならないこと，必要なことはどのようなことでしょうか。

　ライフ・キャリアの虹で示されたように，子どもが25歳になったころ，さら
に35歳になったころ……といったようにライフステージを歩む中で，労働者と
して働くこと，余暇人として人生を楽しむこと，市民として，家庭人として，
その他担う役割はどのようなことでしょうか。そして，それらの状況はその場
にならないとわからないということでいいのでしょうか。

　障害など特別なニーズのある人が利用可能な生涯学習には，たとえば，これ
まで特別支援学校や大学等で取り組まれてきた青年学級等の講座等などがあり，
今後の充実が望まれますが，何が学びたいのかなど，学校在学中に自分で考え，

図4-5-2　スイッチ操作によるワープロソフトで文字を綴っているところ

（出所）文部科学省（2010）

図4-5-3　テレビ会議システムで病院内の児童と小学校の児童が交流している様子

（出所）文部科学省（2010）

やりたいこと，学びたいこと，好きなことが自分で選べるようになっていることが重要です。やりたいことや学びたいことが自分で選ぶことができると，その先の自分の人生を自分で選び，自分の人生の主人公になれるのではないでしょうか。

3　当たり前の生活者となるために

　人生100年時代，人工知能（AI）の飛躍的な進化など，これから直面する様々な変化に積極的に向き合うこと，他者との協働で課題解決を行うこと，複雑な状況変化の中で目的を持ち，当たり前の生活者となることは，特別なニーズのある子どもだけでなくすべての人に求められていることです。これから教職を目指す人には，子どもたちが長い人生を，人として当たり前に，楽しい生活を送るために，学校生活を考えることが求められます。

　まず，日々の各教科等の授業についてです。子どもの障害の状態や特性等を十分考慮して，指導上の配慮を充実させないといけません。コンピュータ等の情報機器（ICT機器）の活用も積極的に図ることで，一人ひとりに応じた指導を充実させる必要があります。

　たとえば，肢体不自由のある子どもでは，手足の不自由さによる姿勢保持や移動の困難に加え，発話などの困難がある場合があります。書籍の自由な閲覧や学習ができない場合，コンピュータやタブレットで電子図書（学習者用デジタル教科書を含む）を操作できるように調整することで，自分で学習に向かえる

場面が増えます。また，画面上のボタンや外部スイッチを操作し音声出力するソフト等（VOCA：Voice Output Communication Aids）やワープロソフトを利用することで，自らの意思を自由に表現できるようになります。

　病弱・身体虚弱の子どもでは，医療上の理由で，理科や社会等の教科の学習に制限がある場合があります。様々な観察や実験等ができない，身近な社会資源等の校外学習に参加できないなどが想定されます。また近年の傾向として，入院期間の短期化・頻回化があります。病院は退院しているものの小・中学校は長期欠席せざるを得ない状況の子どももいるのです。そうした場合などに，間接的体験を ICT で行うことで，病気の子どもが学習に向かえるよう工夫している取り組みが全国で行われています。

　また，発達障害のある子どもには，**自立活動**の取り組みとして，自らの障害の特性の理解や環境の調整に関する指導が行われています。保護者と連携したこうした指導を行うことで，自尊感情を損なうことなく自己理解ができ，自分に必要な**合理的配慮**を理解し，必要な知識・技能を身につけることで，卒業後の社会参加と自立につながる例が多いようです。さらに知的障害のある子どもには，障害の程度や学習状況の差が大きいことを踏まえ，**個別の指導計画**にもとづき各教科の指導を行っています。具体的には，日常生活に必要な国語の使い方や数学の学びを生活に生かすこと，身近な生活に関する制度，働くことの意義，消費生活などに関することなどを，抽象的な学習ではなく具体的な体験等を通して学びます。

　小・中学校の段階から将来の自立と社会参加に向けた視点を持つことも重要です。卒業後の視点を大切にした指導計画の作成と，その PDCA（Plan（計画）・Do（実行）・Check（評価）・Action（改善））サイクルによるカリキュラムマネジメントも必須です。日々の学校の取り組みはその子どもの人生の一部でしかありません。適切な指導と必要な支援は卒業まで引き継がれ，計画的・組織的に行われる必要があります。そのためのツールとして，他機関との連携を図るための長期的な視点に立った**個別の教育支援計画**や一人ひとりの教育的ニーズに対応して，短期間の指導目標や指導内容・方法を盛り込んだ個別の指導計画があります。これらは作成することが目的ではなく，子どもの学びや生活のキャリア形成にとって，必須であることを教師が理解しないといけません。個

別の教育支援計画等の作成は，各学校や教育委員会で作成と活用にあたっての
要項が作成されていることが多いので，それらを十分理解して活用することが
必要です。保護者との協働により作成し，活用する過程の中では，医療や福祉，
労働等との連携が必要であること，当該学校で完結するものではなく，進学先
の学校，さらには学校卒業後にも引き継がれていくものであることなどを保護
者と共通理解し，協働して作成・活用しないといけません。

4　一人じゃない生活のために

　地域社会の中で自立と社会参加をするためには，小・中学校段階から地域社
会の一員として生活していることが必要です。障害のある子どもが特別な存在
ではなく，障害のある子どもと障害のない子どもが，可能な限り共に生活し，
共に学ぶことが当たり前にならないといけません。その場合には，それぞれの
子どもが，授業内容がわかり，学習活動に参加している実感・達成感を持ちな
がら，充実した時間を過ごしつつ，生きる力を身に付けていけるかどうかを見
極めながら，必要な環境整備をしないといけません。

　そのための第一歩として，小・中学校の特別支援学級や特別支援学校の子ど
もと障害のない通常学級の子どもが，相互に触れ合い交流し豊かな人間性を育
み，教科等のねらいを目的としたともに学ぶ機会を持つ**交流及び共同学習**が，
重要な学びの場・機会となります。実際に障害があっても同じテーマをともに
学習する中で，お互い知らない面を知ったり，障害のある子どもの得意な面を
発見したり，「こうすれば自分の気持ちが伝わった」といった経験を通して心
理面での壁が取り除かれることが多いようです。

　交流及び共同学習の取り組みは，そのこと自体が目的になっているわけでは
ありません。学校卒業後に障害のある人が地域社会の一員として生活し，地域
の社会資源を活用したり，地域のスポーツや文化芸術活動に参加したりするこ
とは，地域社会で豊かな生活を営むことができることにつながります。そのため
には，地域社会に小・中学校段階からの顔見知りや友人がいることや，知らない
人の中でも適切なコミュニケーションができることが必要です。さらに障害の
有無に関わらず参加できる身近な生涯学習拠点の拡大は，障害のある人にとっ
ても，障害のない人にとっても優しい共生社会の構築につながると思われます。

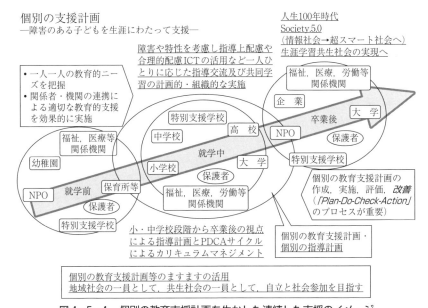

個別の支援計画
—障害のある子どもを生涯にわたって支援—

障害や特性を考慮し指導上配慮や合理的配慮ICTの活用など一人ひとりに応じた指導交流及び共同学習の計画的・組織的な実施

人生100年時代
Society.5.0
(情報社会→超スマート社会へ)
生涯学習共生社会の実現へ

• 一人一人の教育的ニーズを把握
• 関係者・機関の連携による適切な教育的支援を効果的に実施

福祉，医療等関係機関
幼稚園
NPO
就学前
保育所等
保護者
特別支援学校

特別支援学校
中学校
高校
就学中
小学校
大学
保護者
福祉，医療，労働等関係機関

福祉，医療，労働等関係機関
企業
卒業後
NPO
大学
保護者
特別支援学校

個別の教育支援計画の作成，実施，評価，*改善*（「*Plan-Do-Check-Action*」のプロセスが重要）

小・中学校段階から卒業後の視点による指導計画とPDCAサイクルによるカリキュラムマネジメント

個別の教育支援計画・個別の指導計画

個別の教育支援計画等のますますの活用
地域社会の一員として，共生社会の一員として，自立と社会参加を目指す

図4-5-4　個別の教育支援計画を生かした連続した支援のイメージ

（出所）（独）国立特殊教育総合研究所『「個別の教育支援計画」の策定に関する実際的研究』2006年，17頁，図2　個別の支援計画と個別の教育支援計画 をもとに筆者が一部改編（斜体）・追記（下線）した。

　図4-5-4に示したように，特別支援教育にかかわる教員はただ教科等の指導を行うだけではありません。子どもの卒業後の視点を持ち，個別の教育支援計画等を活用し，組織的・計画的に，地域社会の一員として，共生社会の一員としての自立と社会参加を目指す連続した適切な指導と必要な支援が必要なのです。　　　　　　　　　　　　　　　　　　　　　　　　　　（太田容次）

〈文　献〉

中央教育審議会「今後の学校におけるキャリア教育・職業教育の在り方について」中央教育審議会答申，2011年。

国立特殊教育総合研究所「『個別の教育支援計画』の策定に関する実際的研究」2006年，17頁。

文部省『中学校・高等学校進路指導資料第1分冊』1992年。

文部科学省「教育の情報化に関する手引」2010年。

Super, D. E. 1980 A life-span, life-space approach to career development. *Journal of Vocational Behavior*, 16, 282-298.

コラム4　映画で感じる発達障害者の豊かな世界と可能性

「レインマン」(1989) 以前の障害者映画は，問題告発・社会変革志向もの，人生讃歌もの，ハンディキャップ・ファイターものに大別されますが，90年代の障害者映画は総じて内面形成ものとして括ることができます。その後，恋愛と性へのアクセスや自己決定という小さなトレンドがあり，今世紀に至り，発達障害，愛着障害，LGBT 等の人物にスポットを当てる，いわば特別支援映画の巨大な流れが形成。アスペルガー症候群等の自閉症スペクトラム障害，LD・ADHD 等の発達障害は言うに及ばず，鬱病，統合失調症，反社会性人格障害，性嗜好異常，強迫神経症，パラノイア，夢遊病，憑依，共感覚，戦争トラウマ，不登校・ひきこもり，高次脳機能障害，カルト教団における洗脳，性的マイノリティ，愛着不全・愛着障害等々，特別支援映画は百花繚乱の様相を呈しています。

　さて，発達障害的傾向を有する人物は，発達障害という概念のない時代から映画の主人公として光を放っていました。たとえば渥美清演じる「男はつらいよ」シリーズ (1969〜1995) の寅さんこと車寅次郎です。寅さんは，LD，ADHD，愛着障害の傍証に事欠かない人物です。2019年12月には，公開50周年を記念して「男はつらいよ　お帰り寅さん」が公開されました。アカデミー賞受賞作品「サウンド・オブ・ミュージック」(1965) の主人公マリア（ジュリー・アンドリュース）も，ADHD の傾向を有する人物です。近年の「イン・ハー・シューズ」，「15時17分，パリ行き」を含め，そこにあるのは，旺盛な行動力と新奇追求，並外れた着想力，人を喜ばせようとする〈もてなしの心〉です。

　「シンプル・シモン」，「舟を編む」，「ちはやふる上の句」，「ぼくと魔法の言葉たち」，「パワーレンジャー」，「500ページの夢の束」，「それだけが，僕の世界」，「トスカーナの幸せレシピ」など，近年の自閉症スペクトラム障害傾向のある主人公も負けていません。優れた記憶力と豊富な知識，特定の物への高い関心と集中力を有し，欲望や感情におぼれることなく秩序やルールを厳格に守り，時に孤独や単調な生活も厭いません。

　映画で，社会進歩や身近な集団の支え手としての発達障害者の豊かな世界と可能性を感じることができます。

（二通　論）

第 5 章

人権としての特別支援教育

1　子どもの発達と子どもの権利
──思想から条約へ

1　発達する主体としての子ども

　我が国の憲法，**日本国憲法**は主権在民の原則に立ち，人権保障と平和の確保を中心理念とした民主主義社会の形成を掲げています。自立した個人として民主主義国家の中で様々な権利を行使し，社会に参画をしていくことが保障されています。民主主義の原則は，多数派に有利になるためのものや，大多数の意見に従うものではありません。一人ひとりが意志を持つ主体として，国民主権の担い手として意見を表明し，国をつくっていく使命と権利を持つ存在であることが認められることです。

　「教育への権利」（教育を受ける権利）は，それぞれが自由を行使する力を身につける機会と内容を保障し，物事をわかり，知ることは社会に参加をすることにつながります。子どもにとっての「教育への権利」を保障するために，教師や大人は，子どもを成長発達させる責任を持つのであって，学び，発達をする主体は子どもであることをつねに認識しておくことが大切です。子どもは集団の中で育ちます。集団における個の育ちを関係性の中で保障していくことについて子どもの権利条約を軸に本節では捉えていきます。子どもの権利条約は1989年に国連で採択され，日本は1994年に批准しました。子どもの権利の思想は近代人権思想の発展と重なり，人権思想を豊かにしていく役割をも担ってきました。第二次世界大戦後の「地球と人類の再発見」にもとづく地球時代の展開の中で，人権と子どもの権利も新たな展開をしています。

2　歴史の中の子ども

①人間と子どもを発見した近代

　近代までは子殺し，子捨てが当然のように扱われ，子どもは人間ではない，あるいはせいぜい小さな大人という考え方がありました。近代になってヨーロッパの子どもへの見方も変わりますが，その前提に**「人間の発見」**と人権の思

想がありました。イギリス生れのトマス・ペイン（Paine, T.）が『人間の権利』
（1791）で，人間の権利の根拠とは，それは人間が人間であること。それ以上
でも以下でもないと言っています。当時の身分制社会において，人間が人間で
あるということを主張することは非常に勇気のいることで，それ自体が社会の
批判の原点でした。人間の人間としての解放は，抑圧されている人の解放だけ
ではない，貴族も人間だ，貴族も人間として認めようという視点です。

　人間の発見と重なって「**子どもの発見**」があります。フランスのルソー
（Rousseau, J.-J.）は「子ども時代（期）」の発見の書といわれる『エミール』
（1762）の冒頭に「世の人は子どもを小さな大人としてしか見ていない」と言
っています。子どもは，成長発達し，青年期を迎え，大人になる間の発達の段
階に固有の課題があるという捉え方も新しく，子ども観を大きく変えるインパ
クトがあったのです。子どもの発見とはまさに「発達の可能態」として子ども
をみる視点の発見なのです。成長した大人のビジョンにまだ至っていないとい
う点から未熟だと考えるのではなく，これから発達する可能性をもっていると
いう観点で未熟を捉えなおす。子どもはこんなこともできるのか！という大人
の予想を超えての子どもの活動と発達があって，未熟な子どもという言葉はよ
くないという子どもの見方が近代に現れてきたのです。イギリスでは自然を愛
し，子どもを讃えたワーズワース（Wordsworth, W.）がいます。

②平和の探求と子どもの権利

　『レ・ミゼラブル』（1862）を書いたビクトル・ユーゴー（Hugo, V.）は「コロ
ンブスはアメリカ大陸を発見したが，私は子どもを発見した」と言いました。
『レ・ミゼラブル』の冒頭には，今の社会のみじめな存在，それは日銭を稼ぐ
労働者，街角に立つ女たち，路頭に迷っている子どもたち，労働者と女性と子
ども，その三者が抑圧から解放されて人間的になるのはいつの日か，と書かれ
ています。これがユーゴーのこの作品にかけた願いなのです。ユーゴーは社会
で不当な扱いをされている子どもに対する着眼点をもった「子どもの発見者」
です。「子どもの権利 droit de l'enfant」という言葉をフランス語で最初に使っ
たのはユーゴーで，ルソーは子どもを発見したが，まだ「子どもの権利」とい
う言葉は使っていないのです。イギリスにはディケンズ（Dickens, C.）がいて，
そういう子どもたちに焦点を当てて『オリバーツイスト』（1838）などの作品

を書いています。

　ユーゴーはたんなる作家ではなくて思想家です。戦乱に明け暮れているヨーロッパの平和，社会の在り方を深く考え，戦争はいけない，戦争をしないためには，武器を持たない，通貨は一つだという，ユーロ的な発想，そして日本国憲法の第9条の精神にも通じる考え方を持っていたのです。

　障害児の分野では，フランスのセガン（Séguin, E.）がイタール（Itard, J.）の行った「野生児」への教育などを参考にしながら障害児の教育を実践し，当時教育が不能と言われていた子どもが発達する様子を報告書にまとめています。障害のある子どもも人との関係の中で，育つ権利があるという実践的な報告でした。障害児の権利保障を本格的に認めていこうという動きになるのは，20世紀になります。

　20世紀への期待を込め，スウェーデンのエレン・ケイ（Ellen Key）は平和と子どもの幸せを願い『子どもの世紀』（1900）を書きました。この時期に，それまでの教育観を覆し，子どもが生活や経験や活動から知識を獲得することを認めよう，という子どもの権利の先駆的な思想運動，国際的な新教育運動が始まりました。ドクロリー（Docroly, O.）の実践や，セガンに学んだモンテッソーリー（Montessori, M.）の子どもの感覚を豊かに育てていく実践が行われ，ピアジェ（Piaget, J.）やワロン（Wallon, H.）も活躍します。アメリカではジョン・デューイ（Dewey, J.）がいます。ポーランドのコルチャック（Korczak, J.）も忘れてはなりません。

　第1次世界大戦では，ヨーロッパが戦場になり，武器も高度化し，破壊力も向上し，毒ガスも使われ，アメリカの市民の法律家たちが戦争は違法なものだという「戦争違法化運動」を起こします。その中にジョン・デューイがいて，中心的な思想家でした。この運動はフランスに広がり，戦争は違法だという思想が支えとなり，1928年の不戦条約につながります。日本もそれに批准しているのですが，その前後の外務大臣が幣原喜重郎です。戦後その幣原が首相になり，憲法9条を提起しています。

　大きな国際的な流れの中で，子どもの権利の問題，平和の問題が考えられてきました。新教育運動の「子どもから」の教育の思想，戦争の放棄，という運動の中で，1924年に子どもの権利に関するジュネーブ宣言が出されましたが，

ワロンも言ったように（「子どもの権利」1939）ファシズムは平和とともに子ど
もの権利を奪ってしまったのです。

③日本における子どもの捉え方

　日本の子どもは，歴史的にみれば間引きがあり，餓鬼とも，子宝ともいわれ
てきました。「7歳までは神の内」という言葉もあります。子どもは人間では
ない，7歳までは神の子だという言い方で大人との世界と区別しながらも，差
別していたところもありましたし，大事にしたところもありました。七五三の
習俗は，発達の節目への着眼であり，地域社会の子育て文化で，様々に'ひと
なす'（ひととして育てる，ひととなる）工夫をしていました。

　日本の子どもは，国際的な比較をした場合むしろ大事に扱われてきたのでは
ないか，という見方もあります。幕末に日本にきた外交官や日本に住み着いて
研究した人たちの記録が残っています（たとえば大森の貝塚を発見したモース
（Morse, E.）の日記『日本その日その日』1917年）。

　富国強兵を国是とし，帝国憲法と教育勅語と軍人勅諭を3本柱とする日本の
近代化のもと，人権も子どもの権利も認められてはいませんでした。一方で，
大正期に山本 鼎 や下中弥三郎や賀川豊彦らの「子どもの権利」や自由を重ん
じる教育実践の先駆者がいたことも忘れてはなりません。

　戦後は，平和憲法，教育基本法，児童福祉法が制定され，1951年の児童憲章
という流れがあります。それを機に「こどもの日」が定められ，「日本子ども
を守る会」も活動を開始し，子どもの見方も大きく変わってきました。児童憲
章には子どもの権利という言葉はありませんが，日本の戦後の子どもの権利宣
言として捉えることができます。「児童は，人として尊ばれる。児童は，社会
の一員として重んぜられる。児童は，よい環境の中で育てられる」という3つ
の柱は，子どもの権利条約にもつながる大事な指標です。国際的には1959年に
子どもの権利宣言が出され，20年後の国際児童年を経て，子どもの権利条約へ
の取り組みが始まります。子どもを守る会や児童問題研究所が子どもの権利に
ついての研究講演会を開き，批准推進の運動が広がり，批准後は国連子どもの
権利委員会（CRC）への市民・NGO の報告書づくりの取り組みがなされてい
ます。この活動は CRC の日本の子どもの状況の理解と日本政府への所見・勧
告に貢献しています。勧告を活かし，条約を根付かせるのも市民の役割です。

3　子どもの権利条約から子ども期の保障を考える

①子ども期の固有の権利と関係性の貧困

　人権と子どもの権利と子ども人権という三つの表現（概念）があります。子どもも人間であるという意味で，子どもの人権は当然認められるものです。そのうえで子どもの権利の視点をきちんと見なおすこと，それは子どもの権利の視点から人権を問い直し，捉え直すことになるのです。

　子どもには固有の必要と生きるための要求があります。あそびたい，休みたい，食べたい，大きくなりたい，といった要求があり，その要求を権利として持っています。周りの人は子どもの要求を認め，それを受けとめる関係性が大事なのです。子どもの権利とは，一人ひとりの権利であると同時に，要求した主体とそれを受け止めて対応する者との関係を含めて，子どもの権利として深め，受容的・応答的関係性の中で捉えなおしていくものです。

　子どもの権利を関係性の中で捉えることは，たとえば子どもの貧困という場合，関係性が貧困なのだということでもあります。国連の子どもの権利委員会（CRC）は，貧困について，とくに日本政府への第3回勧告で，いじめや体罰や不登校等の問題を考える場合に関係性が貧困であることを指摘しました。筆者たちは，今度の国連への市民NGO報告書の中に「**子ども期の貧困化**」と書いています。経済的な貧困だけではなく，関係性が貧困化していることを提起しましたが，今回（第4・5回）のCRC勧告にもその視点は再度見ることができます。

②子どもの最善の利益，意見表明権と well-being の訳から

　子どもの権利条約の軸になっている「**子どもの最善の利益**」（best interests）を考えたとき，interest の意味は「利益」よりも「興味・関心」という意味ではないでしょうか。親や保育者の思うことを子どもの最善の利益なのだと押し付けることは，子どもの最善の利益の保障ではない。子どもの存在を無視したことになります。子どもはまわりの人やものなど環境に興味・関心をもつ主体であり，その必要・要求を言葉だけでなく，身体で表現しています。それに対し周りは応答し，受けとめる，その関係が大事なのです。best interests は，子ども一人ひとりの要求に耳を傾け，目を合わせ，受けとめるという感性を含んで，はじめて理解され，子どもへの働きかけの前提が築かれます。子どもの

存在感，充足感が得られる状態と関係づくりが大事なのです。

　子どもの権利条約にある「意見表明権」の意見とは，原文では opinion ではなく，view と書かれています。view には眺め，視点という意味があります。乳幼児さえ view を持っています。寝ていても視野に何かがあって，何かを感じている。乳児の人見知りを例にとると，相手との関係を意識し，この人ならかかわれるけれど，この人にかかわることは難しい，そういう view をもっているから人見知りが始まるのです。年齢に応じて，子どもの世界，人間関係も変化します。12条には子どもは「自由に自己の意見 view を表明する権利」をもち「子どもの意見は，その児童の年齢及び成熟度に従って相応に考慮されるものとする」とあります。乳幼児から発達段階に応じて持つ view（見えていること，視点）の感覚を大事にしよう，年齢に応じた保障をしようということなのです。意見表明権は乳幼児期からの発達に即して考えなければならないのです。

　well-being という英語があります。充足感あるいは，幸せ感と訳すこともあります。存在が充足している，幸福や福祉と訳すこともありますが，well-being と well-fare の違いについて考える必要があります。

　しかし「子どもの権利条約」（政府訳）では，両方とも「福祉」と訳されており，本来の well-being の意味を訳していません。子どもも大人も，障害のある人も必要な要求を持っています。その人が必要としている中身もきかずに支援をしています，福祉政策をしていますと上から押し付けても well-being を満たすことになりません。それぞれの well-being に即して財政的な補助を行い，環境を整えることが well-fare です。well-being に結びついた well-fare を保障しなければならないのです。well-being であることが，それぞれの年齢，発達段階に応じてあるのです。それを聞き取り，保障をしていくことでその子の存在を認め，さらに，社会との関係を構築できるようになるという視点が重要なのです。「能力に応じた」教育活動が学校や学級で保障されることを「発達の必要に応じた教育保障の原則」としてとらえなおす必要があります。発達の必要に応じて適切な条件のもと，より豊かな教育を保障することは，たんに障害のある子どもとない子どもとのクラスを「分ける」か「一緒にする」かではなく，発達の観点から個と集団の関係をとらえ，best interests がどこにあり，子ども同士の相互の関係の中で実現をできるよう，大人がかかわる必要が

あるのです。それが一人ひとりの well-being につながっていきます。子ども・老人など当事者の要求の中身もきかずに，well-fare を上から押し付けるのではなく，それぞれの存在の必要，要求を受けとめ，それぞれの well-being に即して，財政的な補助をし，環境を整えることが well-fare なのです。さらに，子どもの権利は，非常に関係的で，子どもにかかわる大人たちの人権，働く権利が保障されているかどうかを問う視点とも不可分です。

③個と集団における発達の権利

ワロンは，子どもは本来社会的な存在であり，生まれたときから子どもは情動を介して周囲の人々とコミュニケーションを取り，そこから人間の存在は始まると述べます（『行動から思考へ』1942）。乳児が言語を獲得しながら，人間の歴史と文化に自らをつなぎ，社会に自分を適応させることを通し自分の能力を発達させていく。子どもの要求と欲求は発達の原動力です。子どもは，集団にいても一人で居る感じなど様々な感情や経験を持ち，集団との関係を切り結びながら，個としての自覚が成熟していきます。発達の視点で個と社会を捉えて，子どもが様々な関係の中で育ち，変容していく様子を把握し，発達の科学と併せて，子どもを見る目を確かなものにすること（子ども観）が重要なのです。

ワロンは戦後，ランジュヴァン（Lanjevin, P.）とともにフランスの教育改革案（ランジュヴン・ワロンプラン，1947）を提示します。そこには，「すべての子どもがその人格を最大限に発達させる平等な権利」を持っている。さらに「平等」にと同時に「多様性」が尊重されければならないとあります。誰もが等しくもつ学ぶ権利は多様性を認める中にあるのです。学校は個人が集団の中で個性を自覚し，他から認められ，将来の進路を選ぶ力をつける場であり，選別され不当に分けられる場ではあってはならないという思想をここから学ぶことができます。

4　「地球時代」への人権の問い直し

①憲法と子どもの権利

日本国憲法第13条には個人の尊厳と幸福追求の権利が書かれています。子どもにとって尊厳，そして幸福追求とは，子どもが豊かな環境の下で心も身体も豊かに発達し，未来に向けて希望が持てるような育ち方ができること，それが子どもにとっての幸福追求の権利です。よりよく生きるために集団に居ながら

集団に縛られるのではなく，自ら主体的に生活を送り，自由を享受する存在であり，未来への幸福を追求するための学習権や発達権の保障が認められなければならないのです。生命と生存，心と身体の成長と発達，遊びと学び，参加と意見表明，教育への権利などの視点は子どもの権利条約と重なります。

　日本国憲法第26条には，「すべて国民は等しくその能力に応じて教育を受ける権利を有する」と書かれています。「能力に応じて」とは，個別の配慮の必要な子ども，能力がまだ眠っている者，ハンディキャップを負わされている子どもたちにこそ，より充実した教育が保障されなければならないということです。子どもにとっての尊厳，幸福追求とは，発達にふさわしい学びと機会が，どの子にも保障されていることで，教室の中で誰の目も気にせず，学びたいことを学ぶことができ，疎外されない自由は守られているのか，その学びが子どもたちの未来にどう生かされるのかという点から考える必要があります。子どもの時代の権利を守ることが未来につながり，今の世代がこの環境を守り，育てていかなければ，次の世代の権利を奪うことになるという視点で権利の保障を捉えなければならないのです。

②子どもの権利と人権

　子どもの権利の視点は，人間の生涯にわたる人権もまた関係的ではないか，さらに相互依存的ではないかとして，人権そのものを問い直し，豊かにすることに繋がります。

　人間の権利とは子どもの権利，青年の権利，老人の権利，女性の権利，障害者の権利を含んで，それぞれの存在に即した要求の全体が人間の権利なのです。人間は同時に子どもであり，老人であり，女性であり男性であるのであり，その存在に即した固有の要求を持っており，それを権利として自覚し表現をするのです。その全体を含んで人権だと考えることで，人権が思想として豊かなものになるのです。子どもの最善の利益と子どもの権利の思想は「未来世代の権利」と結びつき，人権を支える思想を豊かに発展させることができます。そのことが地球時代にふさわしい新しい人権の基盤となるのです。　　　（堀尾輝久）

〈文　献〉　堀尾輝久『人間形成と教育』岩波書店，1991年。
　　　　　　堀尾輝久『子育て・教育の基本を考える』童心社，2007年。
　　　　　　堀尾輝久『人権としての教育』岩波書店，2019年。

2　特別支援教育への転換までの歴史

1　視覚障害・聴覚障害の教育の歴史

　視覚障害児・聴覚障害児は，明治以前は教育の機会を与えられることがなく，放置されていました。古河太四郎は，1875年に小学校教員になったときに聴覚障害児が教育を受けずにいることの相談を受け，有志の資金援助をもとに侍賢校（京都市）に特別教室を設置，聴覚障害児に対する教育を始めました。1878年には我が国初の公教育としての障害児校「京都盲唖院」が開設されました。

　山尾庸三は，伊藤博文・井上馨らとともにイギリスに渡航・留学し，聴覚障害者が手話で会話しながら作業している姿をみて，イギリス各地の聾学校や盲学校を見学し，1880年に東京築地に楽善会訓盲院を開設しました。小西信八は，1896年，米・英・仏，独に留学し，進んだ障害児教育を学び，石川倉治とともに日本で点字を完成させました。これまで放置されていた障害児に何とか教育を受ける機会を与えようと努力した先駆者たちです。

2　知的障害・肢体不自由の教育の歴史

　知的障害・肢体不自由への教育は，盲・ろう教育に比べ遅れていました。石井亮一は，1896年に米国の知的障害児教育に学び，知的障害者施設滝乃川学園を開設しました。また，整形外科医の高木憲次はドイツに留学し，「クリュペルハイム（肢体不自由者のための療育と教育）」を日本の医学界に説き，1942年に整肢療育園を開設しました。戦後，浮浪児・孤児・知的障害児を指導・支援するため，1946年に糸賀一雄は，田村一二，池田太郎とともに「近江学園」，1973年には脳性麻痺，重度知的障害を併せもつ子の「びわこ学園」を開園しました。小林提樹は，島田伊三の協力を得て1961年に「島田療育園」を開設しました。

3　戦後の障害児教育

　日本最初の肢体不自由学校である東京市立公明学校は，終戦後第一回卒業生

を送り出しました。戦時下では数少なかった知的障害者施設であった石山学園（滋賀県）の田村一二も終戦を迎え戦後のこの分野の発展の基礎となりました。1946年に木戸幡太郎は文部省教育研修所所長として「精神薄弱」児実験中学校を設立し，学制改革や教育基本法，学校教育法，児童福祉法の作成・制定に直接関与してきました。

　近藤益雄は，戦前から長崎県の小学校教師となり生活綴方教育を実践し，知的障害児教育について「彼らに生活・教科・労働の大切さを身につけさせねばならない」と考え，「書く力を育てるために，子どもの生活力を育てること。見る，話す，聞く，考えるそれぞれの力から少しずつ，築き上げられる」と，特殊教育の教師像として「のんき，こんき，げんき」を説きました。

　遠山啓は，知的障害児には無理，無駄と考えられていた算数教育に取り組み，「水道方式」と呼ばれる計算方法を確立し，教科教育が可能だと主張し「原数学」という考え方を提案し，さらにどの教科にも「原教科」を提案しました。

　昭和30年代に，文部省が教育国策として全国的に特別学級設置基準を策定し，計画的な設置を進めようとしました。このことは，特殊教育史上きわめて大きな転換期となりました。この時代は教師の手探りの生活単元，作業単元が取り組まれ，特別支援学級では，生活単元では「バザー単元学習」，作業単元では「学校工場方式」が東京都を中心に実践されました。「学校工場方式」では学校を工場と見立て企業と直結した下請け作業が展開されました。製品を期日までに納入する目標が設定され，生徒を追い込むことで生産性を上げ，社会や職業生活の厳しさに耐えるものでした。この指導形態は，「なんとか一人前の職業人にする」ための有効な指導法として文部科学省指定校実践として発表が行われ，全国各地に類似の実践が広がりました。しかし，企業適応主義的という批判や，教育活動である以上は身体的労働と知的学習の結合した全体的な発達を目指すことが大切という意見がありました。作業学習の教育的意義をとらえ直そうとの反省がうまれ「学校工場方式」の指導形態は少なくなりました。

4　養護学校教育の義務制実施

　1960年代に文部省は特殊学級や肢体不自由養護学校の計画設置を進めました。1960年代後半から70年代初頭に「不就学児をなくし，すべての子どもの就学を

保障する運動」が全国に広がり，障害を理由として就学できない子どもを対象とした「日曜学校」などが教職員や関係者によって取り組まれました。

　各都道府県の教育行政は，子ども，関係者の願いを受け止め，すべての子どもを受け入れる養護学校が開設されました。文部省も特殊教育に関する法整備や特殊教育拡充計画等をはじめ，1971年に盲・ろう・養護学校の学習指導要領を告示，1975年に「障害がいかに重度であり重複している場合であろうとも，もとより教育基本法に掲げる目的の達成をめざしておこなわれるべきもの」とし，1979年に養護学校義務制を迎えました。

5　高等部希望者全員入学の動き

　知的障害児の高等部が最初に設置されたのは，都立青鳥養護学校（1957年）でした。これは，中学部や中学校特殊学級で就職できなかった卒業生を受け入れ，早期に就職に移行させる試みでした。**養護学校義務制**が実施された 3 年後に，文部省は調査研究者会議「心身障害児に関わる早期教育及び後期中等教育のあり方」を報告し高等部の設置を進めました。しかし，それは高等部卒業時に就職できると予想される高等部だけの養護学校の開設を進める方針でした。

　高等部は義務教育ではないという理由から，高等部へ入学希望を出しても，①自立通学②将来就職が可能③教育課程の履修が可能かどうかで不合格が出た都道府県がありました。中学校卒業後の高等学校への進学率が90％を超え，知的障害者の進学をねがう運動が全国各地で展開され2000年には，全国で高等部希望者の全員入学が実現し，高等部の訪問教育（第 3 章第 4 節参照）が本格的に実施されるようになりました。

　1999年には，知的障害の概念を表す法律用語が「精神薄弱」から「知的障害」へ改訂されました。

　2003年「今後の特別支援教育の在り方について（最終報告）」が出され，特別支援教育が制度化されました（第 1 章第 3 節および第 5 章第 5 節参照）。（小畑耕作）

　〈文　献〉

　玉村公二彦・黒田学・向井啓二・平沼博将・清水貞夫『新版 キーワードブック特別支援教育——インクルーシブ教育時代の基礎知識』クリエイツかもがわ，2019年。

歴史の証言

藤 本 文 朗

　私は85才です。半世紀以上にわたって障害児の教育臨床にかかわってきました。この５年は「ひきこもり」の相談などに対応しています。今から私自身の実体験をもとに，障害児の教育の歴史を振り返ります。

1　障害児の教育にかかわるようになった経緯と活動

　小学校１年のときに第二次世界大戦が始まり，「お国のために軍人となり天皇陛下のために死ぬ」ことが忠義だと考える軍国主義少年でした。

　1954（昭和29）年，東京教育大学の特殊教育学科に入学し，心理学や生理学を学んで視野を広げるとともに，ボランティアで特殊学級の合宿に参加するなど，特殊教育に関心を深めていきました。東京の下町の貧民街（いちじるしい貧困地域の意味：当時の用語）での子どもの支援活動（セツルメント）に参加したり，養護施設に住み込んで小中学生の生活指導や学習指導にかかわったりするなど，貧困と福祉について実践的に学びました。京都大学大学院（臨床心理学）に進み，教育相談（カウンセリング，プレイセラピー）の技術や理論を学び，滋賀県の近江学園や信楽学園の現場に入って，教育臨床の研究者になりました。

　1960年代，大阪日赤病院の小児精神科の外来で，当時は学校教育の対象とされていなかった知的障害を伴う自閉症の子どもに，医師とともにプレイセラピーの対応をしていましたが，在宅で過ごしているこの子どもたちの「一日中，新聞紙を細かくちぎり続ける毎日」にふれ，この子らにこそ憲法で保障されているはずの**教育権保障**が必要と考え，教育学を学び直しました。

　1965（昭和40）年，福井大学教育学部の教員となり，大学や病院に相談に来る障害児に対応するだけではなく，地域に入って障害者に学ぶ教育臨床の研究スタイルをとるようになり，当時は学校教育の対象とされなかった重度の知的障害児や肢体不自由児，自閉症児の自宅を福井市，鯖江市の障害児の親の会のリーダー格の人と一緒に訪ね，地域活動を進めました。

　在宅不就学児の就学を市長や教育委員会に申し入れましたが，「自閉症の

145

ことは医療のこと」と言われ，私たちは在宅不就学児のための日曜教室を開いて遊び中心の活動と親のつどいを始め，全国障害者問題研究会のメンバーや学生とともに重い障害のある子どもの就学保障の運動を繰り広げました。

　滋賀県だけではなく全国的に取り組まれたこうした活動を通して，1979年に**養護学校義務制**が実施され，どんな重い障害のある子でも教育を受ける権利が保障されるようになったと考えています。

2　日本の障害児教育

　その後，私は滋賀大学教育学部に移り，約30年間，障害児教育の研究と障害児教育に係る教員養成に携わってきました。ここでは，主に滋賀県における障害児の教育について概観していきます。

　明治維新を経て確立した公教育の成立は，資本主義の発展とかかわって，日本の教育史においてその意義は大きいものです。障害児の教育は，「学制」（1872年）に「廃人学校アルベシ」と書かれていますが，障害児教育の源流は，日本の庶民の中にあります。

①藩　　校

　彦根城の南に彦根藩校（彦根藩稽古館）があり，武士たちは論語や武芸を学んでいました。試験は厳しく，「生質魯鈍」と言われる落第した武士がどのように処遇されたかを示した小川克正の研究があります（小川，2005）。そこでは，①通常のコースとは別に「特別学級」のコースが設けられ，②論語などの古典ではなく，仮名文字の「軍記物語」を使い，楽しく学んでいました。

②寺子屋（手習塾）

　武士の学習の場である藩校に対し，**寺子屋**は庶民の学習の場です。

　論語も教材に使われましたが，「読み・書き・算盤」と生活に役立つ学習が多く，論語の斉読などの集団学習もありましたが，個別学習が中心でした。個別学習は障害児者（聾者・肢体障害者・知的障害者）にも馴染むものであったといえ，盲聾唖者の10％程度が寺子屋に通学していたとも言われています（中村・荒川，2003）。我が国初の障害児の公教育の場として開校した京都盲唖院も，寺子屋の発展として設置されたことを岡本稲丸が示しています（岡本，1997）。

③当事者（盲人）の力で──彦根盲学校の創立

　盲人は明治維新以前の封建時代には盲人集団の力で，多くの地区で鍼按（ハリ・あんま）という一種の特別の覇権（専業）を握っていました。「座」を作り職人教育が行われています。杖を使っての移動，地域を知る感覚（風，におい）の利用なども含め，鍼按の技術を学んでいました。明治期，資本主義下での職業選択の自由によって盲人の専業が奪われていく中で，盲人の力で京都を始め全国各地で，寺子屋的な盲学校づくりの源流が生まれていったのです。

　滋賀県旧甲賀郡出身の山本清一郎は，京都市盲唖院を卒業後，1908（明治41）年に民家を借りて生徒４人で「**私立彦根訓盲院**」を開設しました。滋賀県立に移管される1927（昭和２）年までは，県からの経済的支援はありませんでした。

　山本院長は朝から午後３時まで子どもたちの授業（京都市盲唖院で自身が学んだことが基本），その後は夜遅くまで夫婦で寄付集めの日々でした。経営は地域の200余名の賛同者（盲人仲間，キリスト教関係者や近郷近在の人々）の寄付でかろうじて成り立っていました。地元の医師や鍼灸師が奉仕で教員を務め，教育内容は鍼灸，按摩術，経穴学，解剖学，生理学など次第に訓盲院は学校らしくなり教室もできていきました。そして福沢諭吉らが紹介した欧米の障害児教育の思想，教育実践が導入されていきました。通学がむつかしい人のため寄宿舎を併設し，山本院長の妻（たい夫人）がその世話をしました。公立移管後は運営を任されるとともに，地域の診療活動を展開しました。地域に開かれた学校として，今でいうインクルーシブ教育を実践していたと言えます。

　大正２（1913）年に県から鍼灸学校に指定され，昭和３（1928）年にやっと滋賀県立の盲学校となりました（ピーク時の在校生数は140名）。卒業生の多くは鍼灸の国家資格を取り，就職していきました。このように，滋賀県の障害児教育を最初に切り開いたのは盲人当事者であることを忘れてはなりません。

④近江商人の父が作った滋賀県聾話学校

　西川吉之助は，アメリカ各地でデパートなどに勤務し，資本主義経済の組織力，宣伝力などを身につけ，英語，ロシア語，ドイツ語，フランス語もできるインテリ近江商人でした。

　氏は併せて教育実践家でした。３歳のときに“聾”と診断されたわが子に，近江八幡の自宅で家庭教育を行い，５歳で250語を身につけさせたと言われて

います。外国語に強い西川は当時欧米聾教育で主流であった口話教育の論文を取り寄せ，自宅に「西川聾口話教育研究所」を開設しました（1925（大正14）年）。わが子だけでなく，近くの聾児の教育を自分の手で行いました。同時に文部省を動かし講座を行い，私財を出して「口話式聾教育」の月刊誌を発行しました（1925（大正14）年）。合同聾口話普及会を組織しました。ラジオにも出演しています。まさに大正デモクラシーと近江商人の力を示した人とも言えます。

　1928（昭和3）年に「西川聾口話教育研究所」を閉鎖し，同年に開校された滋賀県立聾話学校の校長に就任し，口話法による聾教育の発展に尽力しました。

3　大正期，昭和期における滋賀県の知的障害児教育の歴史について

①灯を点した人たち（戦前）

　1925（大正14）年に「坂本小学校」「八幡小学校」「愛知川小学校」の3校に特別学級が開設されました。大津市では，大津市中央国民学校（現：中央小学校）にて県下初となる「精神薄弱特殊学級」が1942（昭和17）年に認可され，初田美雄が1年間の準備期間の後担任となり，翌1943（昭和18）年4月，IQ60以下の児童8名で開設されました。初田は鈴木治太郎から直接「鈴木ビネー検査」の手ほどきを受けています。当時京都市の特別学級の担任だった田村一二や池田太郎にしばしば指導を仰いでいたそうです。

　初田は個別指導を主流とした4領域を設けて指導に当たりました。

　4領域は，①朝の行事（挨拶，歯磨き，体操等）②学科学習（読み方，算数，自然観察等）③基礎学習Ⅰ（感覚筋肉訓練，諸作法，積み木，紐結び等），基礎学習Ⅱ（音感，色感，音楽，図工など手先での学習）④作業（農園，動物飼育，運搬，清掃等）などです。

　しかし翌年，初田は海軍に応召となり，学級は1943（昭和18）年度の1年間だけで閉級となりました。

②戦後の特殊教育から特別支援教育へ

　昭和30年代，全国的に特殊学級が設置され，特殊教育が展開・発展します。この時期はまだ学校教育の対象でなかった重い障害のある子どもたちも，昭和40年代に全国的に広がった障害のある子どもの就学保障を求める運動の広がりによって各都道府県に養護学校が開設され，すべての障害児の就学が実現し，

特殊教育の体制や内容が充実していきました。

　そして，21世紀に入って特別支援教育へと転換し，インクルーシブ教育システムの発展と共生社会の形成に資することが期待されています（第1章第3節および第5章第5節参照）。

　しかし，一方では集団教育になじめない子どもたちがエクスクルーシブ（排除）の対象になっている傾向が強まってはいないでしょうか。

　不登校，ひきこもりだった子どもたちが成人し，「80・50」問題（親が80歳，ひきこもりの子どもが50歳）が社会問題化しています。HIKIKOMORI は国際用語となり，オックスフォード英語辞典にも収録されており，その実数は200万人，家族関係者500万人以上と言われています。生涯学習を含めた取り組みの必要があるのです。

　教師が子どもや教材を研究できる時間を増やすなど条件整備を図り，発達障害児や学校に行きづらい子どもたちへの対応が変わることを期待します。

　「特別支援教育」は「特別ではない」ということが理解されていくことを望みます。　　　　　　　　　　　　　　　　　　　　　　　　　　　（藤本文朗）

〈文　献〉

青木道忠・関山美子・高垣忠一郎・藤本文朗編著『ひきこもる人と歩む』新日本出版社，2015年。

藤本文朗『障害児教育の義務制に関する教育臨床的研究』多賀出版，1996年。

藤本文朗・阪本健補・石部和人「滋賀県障害児者教育実践歴史ノート」『国際文化政策』第9号，2018年，106-111頁。

藤本文朗・主馬建之助・大槻明美・上坂秀喜「地域課題としての『ひきこもり』それは日本特有の現象か――外国人観光客対象のアンケートを通して考える」『創発（大阪健康福祉短期大学紀要）』第19号，2018年。

中村満紀男・荒川智編著『障害児教育の歴史』明石書店，2003年。

小川克正『共通教育と特別教育』角川書店，2005年。

岡本稲丸『近代盲聾教育の成立と発展』日本放送出版協会，1997年。

清水貞夫・西村修一編著『「合理的配慮」とは何か？――通常教育と特別支援教育の課題』クリエイツかもがわ，2016年。

漆葉成彦・近藤真理子・藤本文朗編著『発達障害のバリアを超えて』クリエイツかもがわ，2019年。

3　障害者権利条約と特別支援教育の改革課題

1　一つの詩から──障害者権利条約をすべての人に

　障害者の権利に関する条約（Convention on the Rights of Persons with Disabilities：**障害者権利条約**）の発効にあたって，イギリスの少女がつくった"I have no legs"という詩があります。

足がなくったって
　大地を感じられるから
目が見えなくったって
　雲の流れがわかるから
耳が聞こえなくったって
　あなたの声は届いてるから

わかるでしょ
　あなたと同じわたしのこと
わかるでしょ
　わたしと同じあなたのこと
わかるでしょ
　同じ世界で私達は生きてるってこと

　この原詩は，ユニセフ（UNCEF）が作成した障害者権利条約子ども版パンフレットに掲載されたものです（Unicef, 2008）。このパンフレットの日本語版（日本リハビリテーション協会，2008）には，よりその詩に忠実な訳が掲載されています。この詩は，肢体不自由，視覚障害，聴覚障害，そしてすべての障害のある人たちもない人たちも，「わたし」と「あなた」として，同じ世界で生き，同じ権利を持っていることを呼びかけています。障害者権利条約第49条では，この条約の内容は，子どもから高齢者まで，そして，知的障害や視覚障害のある人たちを含めたすべての人たちに届けられるべきとして，アクセス可能な形で提供することを規定しています。この趣旨から，ユニセフの子ども版障害者権利条約のパンフレットも作成されました。障害者権利条約を生かすという観点から，教育の現場でその内容を様々な工夫をおこなって，伝えていくことがわたしたちの課題でもあります。

　障害者権利条約は，世界人権宣言を起点として，国際人権規約，人種差別撤廃条約，女性差別撤廃条約，子どもの権利条約などに続いて，国連の人権条約

の一つとして21世紀に入ってはじめて成立した条約です。この障害者権利条約が成立するまでには，国連を中心として，「障害者の権利宣言」(1975年)，「国際障害者年」(1981年)，「障害者に関する世界行動計画」(1982年)，「国連・障害者の10年」(1983-1992年) などの取り組みが進められてきました。1980年代後半，スウェーデンやイタリアなどから国際的な条約の必要が指摘されはじめ，1993年，拘束力の少ない「障害者の機会均等化に関する基準規則」が採択されました。その後，基準規則のモニタリングが行われるとともに，地域的には「アジア・太平洋障害者の10年」などが取り組まれ，そして，2000年以降，「アフリカ障害者の10年」(2000-2009年)，「新アジア・太平洋障害者の10年」(2003-2012年)，「ヨーロッパ障害者年」(2003年) など，世界各地で取り組みがなされました。このような障害に関する世界的な取り組みを背景に，2001年国連総会においてメキシコ大統領により障害者権利条約の提唱が行われました。

2　人権条約としての障害者権利条約の成立と内容

①障害者権利条約の成立——"Nothing About Us Without Us"

　障害者権利条約は，2001年に提案されて以後，2002年から5年間，8回にわたる権利条約特別委員会（アドホック委員会）での審議を経て，2006年，国連総会で採択されました。この特別委員会では，加盟各国の政府代表（障害者を含む）はもちろん，国際的障害者団体 NGO，障害当事者と関係者の積極的参加のもとで審議されていきました。NGO の間では，「私たちのことを私たち抜きに決めないで！（Nothing About Us Without Us）」が一つの合い言葉となり，政府代表も NGO の発言と対話の重要性を理解するという姿勢をとりました。政府代表の発言に続いて，必ず，「市民社会のみなさんの発言を求めます」との議長の声があり，障害のある人たちや NGO の代表が，権利条約特別委員会で正式の発言を行いました。

　当事者が参加し，審議に加わるということは，国連の条約交渉上画期的なことであり，教育も含めてすべての施策・政策決定において，関係者の参加の下で，審議を進めていくという21世紀型審議モデルを示したものといえます。

　この条約は，国際社会に異例なほど早く，受けとめられ，2008年に国際的に発効しました。日本も，2007年にこの条約に署名しましたが，2014年にこの条

約に批准する前に，障害者制度改革推進会議を開催し，**障害者基本法**の改正，**障害者総合支援法**と**障害者差別解消法**の制定など，障害者にかかわる国内法についての一定の議論と整備を行ったことが特徴的でした。2012年には，教育の分野においても，文部科学省により特別支援教育の在り方に関する特別委員会の審議・報告がありました。

②障害者権利条約の内容とその意義

　障害者権利条約は，障害のあるすべての人の人権と基本的自由の完全かつ平等な享有の促進，保護・確保，そして，障害のある人の固有の尊厳を尊重し，促進することを目的とするもので，前文と本文50条から成り立っています。

　具体的には，①目的，定義，一般原則，一般的義務，平等および非差別といった総論的条項，②女性，子どもといった特定の集団に関する条項，そして，③生命，危機のある状況下，身体の自由などについて，障害のある人の自由と自己決定などを保障する自由権に関する条項，④アクセシビリティやモビリティといった移動や社会参加へのバリアの除去，交通や情報へのアクセスに関わる条項，⑤教育，健康，リハビリテーション，労働，社会保障及び十分な生活水準などの社会権に関する条項，そして，⑥政治参加，文化的な活動・レクリエーションへの参加に関する条項，⑦国際協力，国際的モニタリングのメカニズムに関する条項や手続き条項によって構成されています。

　障害者権利条約は，全体としてこれまで到達してきたすべての人の人権の内容を，障害のある人に具体化し，その実現を促すために，自由，生存，生活，医療・保健，労働，教育，リハビリテーション，移動，環境などすべての分野を視野に入れたものとなっています。

③障害のある子どもと青年の生涯にわたる支援に関する条項

　障害者権利条約には，障害のある子どもに関する条項（第7条）があり，子どもの最善の利益が考慮されること，そして，年齢や発達に即して，自由に自己の意見を表明する権利とそのための支援の提供が規定されています。基本的自由を享受する権利に関しては，生命の権利の条項（第10条）があり，その上で，身体や安全などの自由などの条項が続いています。とくに，今日，子どもをめぐって問題となっている虐待に関しては，暴力や虐待からの自由（第16条）に，あらゆる形態の搾取，暴力，虐待からの保護を行うことが明記されていま

す。また，自立した生活及び地域社会へのインクルージョン（第19条），教育（第24条），健康（第25条），ハビリテーションおよびリハビリテーション（第26条），雇用・労働（第27条），十分な生活水準の向上（第28条）などは，条項それぞれが権利の内容を示すばかりではなく，相互に結び合っているものです。たとえば，質の高い教育を受ける権利が実現されなければ，安定した雇用は望むことができません。雇用は，経済的自立から，家族の形成，そして国内経済への貢献をもたらし，社会参加のための多くの機会に直接結びつくものです。大多数の国において，障害のある人たちは労働の場が十分保障されていないという現実があります。経済的な参加の困難は，十分な生活水準や地域における自立的な生活を困難にさせています。このような現実の悪循環を断ち切り，障害のある子どもや青年の育ちをはぐくむとともに，教育，雇用・労働，十分な生活水準の向上，そして自立的な生活，さらには政治的公的活動への参加（第29条）や文化的な生活，レクリエーション，余暇及びスポーツへの参加（第30条）といった権利実現と社会参加の循環を創り上げることが課題といえるでしょう。

3 障害者権利条約の教育条項とインクルーシブ教育システム

　障害者権利条約第24条の教育条項は全5項で構成され，すべての障害のある人の教育への権利を明示し，それをインクルーシブな教育制度と生涯学習として具体化することを求めています。

①障害者権利条約教育条項とインクルーシブ教育の目的

　教育条項の第1項は，障害のある人の教育に関する権利を認め，無差別・機会均等を基礎として，その享受・実現を明確に規定しています。そして，その実現のために，あらゆるレベルでの学校教育と生涯学習において**インクルーシブ教育システム**（inclusive education system at all levels and lifelong learning）を確保するとしています。さらに，インクルーシブ教育の目的・方向として，次の3点を示しています。

　(a)人間の潜在能力並びに尊厳及び自己の価値についての意識を十分に発達させ，並びに人権，基本的自由及び人間の多様性の尊重を強化すること。

　(b)障害者が，その人格，才能及び創造力並びに精神的及び身体的な能力をその可能な最大限度まで発達させること。

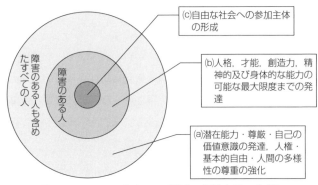

図5-3-1　インクルーシブ教育の目的とその広がり

（出所）障害者権利条約第24条第1項より作成

（c）障害者が自由な社会に効果的に参加することを可能とすること。

　インクルーシブ教育の目的を示した(a)(b)(c)の項目を構造としてみたのが図5-3-1です。すなわち，インクルーシブ教育は，すべての人・人間の可能性・潜在能力，尊厳と人権，そして多様性を尊重するものです。その中に，障害のある人の人格と能力の最大限の発達，そして社会参加の主体としての形成が位置づく構造になっているといえます。このような広がりをもつインクルーシブ教育の目的を実現するために，必要な制度や実践とはどのようなものでしょうか。

②インクルーシブ教育の実現とその手立て

　障害者権利条約第24条第1項に規定された教育の権利を実現するための具体的な原則と支援の方策を示したのが第2項です。第2項は，締約国の義務として，一般教育から障害を基礎にした排除をなくすこと，インクルーシブで質の高い無償の初等教育・中等教育へのアクセスの保障，合理的配慮の提供，一般教育制度内での必要な支援の保障，発達を最大限にする環境での効果的で個別化された支援方策の提供を確保することを規定しています。第24条第2項の(a)(b)(c)(d)(e)5項目を支援のキーワード「ユニバーサルデザイン」「合理的配慮」「濃密な特別な指導（個別化された支援措置）」と関係づけたものが，図5-3-2です。このピラミッドは，図5-3-1で示したインクルーシブ教育の目的の包含関係を念頭においています。

　ここで重要なことは，教育の土台として必要とされるユニバーサルデザイン，個々の人たちの障害に対応した合理的配慮，そしてインクルージョンという方

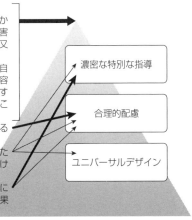

権利の実現に当たり，次のことを確保する。
　(a)障害者が障害に基づいて一般的な教育制度から排除されないこと及び障害のある児童が障害に基づいて無償のかつ義務的な初等教育から又は中等教育から排除されないこと。
　(b)障害者が，他の者との平等を基礎として，自己の生活する地域社会において，障害者を包容し，質が高く，かつ，無償の初等教育を享受することができること及び中等教育を享受することができること。
　(c)個人に必要とされる合理的配慮が提供されること。
　(d)障害者が，その効果的な教育を容易にするために必要な支援を一般的な教育制度の下で受けること。
　(e)学問的及び社会的な発達を最大にする環境において，完全な包容という目標に合致する効果的で個別化された支援措置がとられること。

図5-3-2　インクルーシブ教育を進める原則と支援措置

（出所）障害者権利条約第24条第2項より作成

向にあわせた濃密な特別な指導（個別化された支援措置）という構造的な支援によって，「**質の高いインクルーシブ教育**」を実現することです。

　それらは，各障害にともなって固有の生活やコミュニケーション手段を必要とする人たちの支援，それが可能となるような教育における専門性の確保，そして生涯学習にもつながります。第24条の第3項は，地域社会へ平等に参加することを容易にするための生活技能，社会性の発達と技能の習得をあげ，盲・ろう，あるいは重複障害の人たちなどの固有のコミュニケーションやアクセスの様式・手段・技能の習得を促進することを求めています。また，第4項は，手話や点字などの専門性をもった教員の配置や研修などを規定し，第5項は，一般の高等教育，職業研修，成人教育および生涯学習へのアクセスとそのための合理的配慮の提供を規定しています。

4　インクルーシブ教育への権利（国連・障害者権利委員会一般的意見№4）と特別支援教育改革の指針

　国連・障害者権利委員会は，2016年，「インクルーシブ教育への権利（一般的意見 No.4）」を採択しました。この「一般的意見」は，障害者権利委員会で審議された各国の報告について，共通して今後締約国が改善すべき課題や方向性を示す役割を持ってまとめられたものです。この「一般的意見」は，各国の

教育の方向について，インクルーシブ教育への権利を強調したうえで，インクルーシブ教育の概念を深め，システムの構築を締約国に求めています。

　まず，同委員会は，インクルーシブ教育について次の4点を理念としてあげています。

　(a)すべての学習者の基本的人権であり，個々の学習者の権利である。

　(b)固有の尊厳，自律，個人のニーズと社会参加・貢献の能力を認め，すべての子どもの幸福な状態を価値づける原理であること。

　(c)その他の人権を実現する手段でもある。貧困から救いだし，コミュニティに全面的に参加し，搾取から保護する。インクルーシブな社会的到達の方法である。

　(d)障壁の除去への継続的で，先導的な関与のプロセスの結果でもあり，すべての子どもに配慮を行い，効果的にインクルージョンを行うために，通常学校における文化，方針，実践の変革を伴うものである。

　次に，同委員会は，「排除」「分離」「統合」「インクルージョン」の概念の相違を強調し，インクルージョンについては次のように説明しています。

　　インクルージョン（inclusion）：ニーズや興味に最も対応できるような，関連する年齢の範囲におけるすべての子どもに対して平等で参加可能な学習の経験と環境を提供し，教育における内容，方法，アプローチ，構造や方略を修正ないし変容させるような組織的な改革のプロセスを伴うものである。たとえば，組織，カリキュラム，教授学習方法などの構造上の改革を伴わないような通常の学級内への障害のある子どもの措置は，インクルージョンを構成することにはならない。もっといえば，統合は，自動的に，分離からインクルージョンへの移行を保障するものではない。

　つまり，教育制度の改革のみならず，教育内容，カリキュラム，教育方法の内容・方法改革も視野にいれ，障害のある子ども・青年に対して実質的に有意義な学校での経験と環境を求め，その実践を期待していることがわかります。

　また，インクルーシブ教育の核となる要点として，(a)全システムアプローチ（ホールシステムアプローチ），(b)全教育環境への視野，(c)全人間的なアプローチ，(d)教師への支援，(e)多様性の価値の尊重，(f)学習に優しい環境，(g)効果的な移行，(h)パートナーシップの認識，(i)モニタリングなどの特徴を示しています。

　そして，教育システムの要件として，利用可能性（Availability），アクセシビリティ（Accessibility），受容性（Acceptability），順応性（Adaptability）をあげ，他の者との平等を確保するものとして合理的配慮の提供を強調しています。

　この国際文書「インクルーシブ教育への権利」は，今後の特別支援教育のあり方や改革課題，今後の教育全般の方向性にも影響を与えるものとなります。障害者権利委員会には，日本政府報告，NGOの日本障害フォーラムからパラレルレポート（『代替報告』）の提出がなされています。同委員会でのその審議・勧告が注目されるところです。これからの特別支援教育が，ニーズの高まりを受けて，インクルーシブ教育システムとしてすべての学校教育において機能を発揮させていくかが問われています。条約の実施，一般的意見に示された「インクルーシブ教育への権利」という観点から，教育行財政はもちろん，実際の創造的で柔軟で挑戦的な学校づくりを可能とする教育実践が求められています。

（玉村公二彦）

〈文　献〉

Committee on the Rights of Persons with Disabilities. General comment No. 4 Article 24: Right to inclusive education. 2016. 日本語訳は，「インクルーシブ教育を受ける権利に関する一般的意見第 4 号（2016年）」https://www.dinf.ne.jp/doc/japanese/rights/rightafter/crpd_gc4_2016_inclusive_education.html（2020年 1 月 1 日閲覧）

外務省「障害者の権利に関する条約（略称：障害者権利条約）」https://www.mofa.go.jp/mofai/gaiko/jinken/index_shogaisha.html（2020年 1 月 1 日閲覧）

玉村公二彦「インクルーシブ教育と合理的配慮に関する国際的動向──障害者権利条約教育条項の実施に向けた国連の取り組みと障害者権利委員会一般的意見 NO. 4」『障害者問題研究』第44巻第 4 号，2017年，264-273頁。

玉村公二彦・黒田学・向井啓二・平沼博将・清水貞夫編著『新版 キーワードブック特別支援教育──インクルーシブ教育時代の基礎知識』クリエイツかもがわ，2019年。

Unicef. It's About Ability - An explanation of the Convention on the Rights of Persons with Disabilities. 2008. 日本語訳は，ユニセフ（日本リハビリテーション協会訳編）『わたしたちのできること──障害者権利条約の話』2008 年，https://www.dinf.ne.jp/doc/japanese/rights/rightafter/unicef_jp_Lo.pdf（2020年 1 月 1 日閲覧）

4 諸外国の特別支援教育

1 世界の特別支援教育の動向

①世界の特別支援教育の歴史的動向

　世界の特別支援教育の動向をたどって見ると次のことが言えるでしょう（落合，1997）。1960年代から1970年代にかけて，大部分の国々では，いわゆる障害のある子どもたちだけを集めて教育する特別支援学校や特別支援学級が主流の特別支援教育でした。しかし，徐々に，障害の医学モデルにもとづいた特別支援教育に，障害児を取り巻く環境や本人や保護者の権利を考慮にいれた施策が新しく加わりました。1970代後半には，インテグレーション（統合教育）という形態が現れ始めました。

　OECD（1994 徳永・袖山訳 1997）は，インテグレーションを次のように分類しています。

　物理的・位置的インテグレーション（同じ場所に物理的にいること）（physical or locational）：同じ教室にいる状態であり，一緒に授業時間を過ごすことなど。

　機能的インテグレーション（同じ活動に参加すること）（functional）：他の生徒と一緒に学習活動ができる授業を行う方法です。のちのインクルーシブ教育に近い方法です。たとえば，皆が掛け算の勉強をしているとき，足し算しかできない子どもが同じ教室にいた場合，一つの教科書と黒板で一緒に勉強できますか？　それには多くの工夫が必要です。

　社会的インテグレーション（同じ集団に属するという感覚を養う）（social）：たとえば，日本で行う場合，学校行事ではクリスマス会，七夕まつり，学習発表会，運動会など，授業では給食，音楽，図工，体育，家庭科などに一緒に参加し，同じ学校に在籍していること，あるいは特別支援学校と通常の学校を相互に訪問し合い，同じ地域住民あることを相互に理解します。

　社会参加型インテグレーション（同じ社会に効果的に参加する）（societal）：たとえば，地域のボランティア活動に学校として参加するとき，活動の難易度を

考慮して役割分担をし，社会貢献を行うことなど。

　1980年代はインテグレーションをいかに浸透あるいは充実していくのかがこの時代の大きな目的でした。この間，国連障害者の十年があり，障害者の人権や教育の充実に大きな影響を与えています。1990年になると，**アカンタビリティー**（説明責任あるいは会計責任）という考え方が特別支援教育にも持ち込まれてきました。教育の成果を納税者である市民やサービスを受ける市民に説明しなければならない時代になってきました。このことは，障害のある子どもにかかわる専門機関間，専門家どうし，専門家と保護者，学校とコミュニティーの協力・連携がなければ実現しないことを示しており，その方法について反省し模索する時代になってきます。さらに，いわゆる「障害児」だけが教育的支援が必要なのではなく，境界線上にある子ども，あるいは一般の子どもでも，支援期間の長短はありますが，支援が必要な場合があります。また，外国人労働者の家族の場合，言語や文化の違いによって，授業が理解できない場合があります。このような子どもたちにも対応できる教育が**インクルージョン**という教育形態で出現しました。

②**サラマンカ声明における特別支援教育とインクルーシブ教育**（UNESCO, 1994）

　1994年，「特別なニーズ教育に関する世界会議」において，**サラマンカ声明**が採決され，「インクルーシブな学校の基本的原則は，すべての子どもはなんらかの困難さや相違をもっていようと，可能な際はいつもともに学習すべきであるというものです。インクルーシブな学校は，様々な学習スタイルや学習の速さについて調整をしながら，また，適切なカリキュラムと，編成上の調整，指導方略，資源の活用，地域社会との協力を通じ，すべての子どもに対し，質の高い教育を保障しながら，生徒の多様なニーズを認識し，それに応じなければならない。その際，すべての学校内で出会う様々な特別なニーズにふさわしい，様々な支援やサービスがなければならない。」とし，特別支援教育と通常の教育の国際的な在り方として位置づけられました。さらに OECD の Evans（2008）によれば，特別な教育的ニーズのある子どもとして，社会・経済的な原因による困難も特別な教育的ニーズと認めています。特別支援学校やその職員は，インクルーシブな学校への支援を提供する役割を演ずるとしています。

現在，日本では外国籍の子どもたちは義務教育を課せられないため，1 万人の義務教育年限の児童生徒が教育を受けていません。また，生活困窮家族の児童生徒の学習支援も強化するよう通知されています。**インクルーシブ教育**とは，このような様々な支援が必要な子どもたちが通常の学級にいて，教育を受けている状態になるわけです。

　しかし，サラマンカ声明が採択されたことが，全ての国でのインクルーシブ教育の進展にはつながらなかったようです。日本でも特別支援学校や特別支援学級，通級による指導に在籍・通級している児童生徒は1993年がもっとも低く，それ以降現在に至るまで増加し続けています。

③障害者権利条約と日本の特別支援教育

　2006年12月，国際連合総会において「障害者の権利に関する条約（障害者権利条約）」が採択され，障害者の権利や尊厳を大切にしつつ社会のあらゆる分野への参加を促進することが合意されました。日本もこの条約を批准するための準備に入りました。2010年 6 月「**障がい者制度改革の推進のための基本的な方向について（閣議決定）**」（内閣府，2010）が発表され，この閣議決定をもとに，日本政府は国連障害者の権利条約批准に向けて，国内法の整備とインクルーシブ教育システムの構築に向けての準備に大きく舵を切りました。

④21世紀スキル・グローバル教育におけるインクルーシブ教育の位置づけ

　新学習指導要領の改訂の議論が「**教育課程部会　教育課程企画特別部会**」（文部科学省，2016）で行われました。新しい学習指導要領が2030年の日本の在り方を想定し，我々は何を準備しなければならないか論点を整理してあります。そして，必要なグローバル人材育成の一つとして，**国際バカロレア（IB）**の学習者像（IB Learner Profile）を紹介しています。さらに2017年 5 月14日，**教育再生実行会議**の「これからの時代に求められる資質・能力と，それを培う教育，教員の在り方について」でも，国際バカロレア認定校の大幅増加，スーパーサイエンスハイスクールやスーパーグローバルスクールの取組の充実強化があげられています。2013年から国際バカロレアにおいてもインクルーシブ教育が行われるようになりました。インクルーシブ教育が障害のある児童生徒の権利や差別の禁止という観点だけでなく，グローバル教育の中でインクルーシブ教育が実施される新たな展開を生んでいます。

2 イギリスの特別支援教育とインクルーシブ教育

　日本の特別支援教育の分析をするために，特別支援教育制度が類似している
イギリス（連合王国）の特別支援教育の歴史を振り返ってみましょう。

①ウォーノック報告と特別支援教育

　世界の特別支援教育のあり方を大きく変えたウォーノック報告は，1974年メ
アリー・ウォーノック（Mary Warnock）が委員長となり，1978年に英国議会で
承認されものです。銭本（1979, 10頁）は，以下のように報告しています。

(1)これまでの伝統的な特殊教育の概念にこだわらない。あたらしい特殊教育の
　　あるべき姿に立ち，その担当教育機関，対象児を再編，拡大する。

(2)障害評価（Assessment）は，従来の判定を廃止し，教育課題の発見，確認に
　　中心を置く。その手続きを法定し，個々の対象児に教育内容が実質的に保障
　　される内容を法定する。

(3)対象児の就学年限を延長する。すなわち従来の義務教育年限（5歳～16歳）
　　の前後に就学前教育と，就職，進学を含む進路指導コースを新設。相互に一
　　貫性をもたせた継続的な教育体系を整備する。

(4)教員の質と対応能力を向上するため，すべての教員（通常の学校を含む）に特
　　殊教育の理論と実際の履修を義務付ける。このため専門大学を創設。長・短
　　期の現職教員への再教育を実施する。

　さらに「特殊教育の枠組みは，学齢期にある全児童生徒総数の20%，5人に
1人は，その在学期間中に何らかの特殊な教育的配慮を必要とする現実認識に
立ち，再構築されるべきである」としています。このようなウォーノック報告
の内容は，インクルーシブ教育への歴史的な変革でした。

②2005年，ウォーノック論文の反響

　ウォーノックは2005年，自分が委員長だったウォーノック報告に対して，い
くつかの反省点をあげました（Warnock & Norwich, 2010 宮内・青柳・鳥山監訳
2012）。主な内容を以下に紹介します。「障害の医学モデルからの脱皮のための
特別な教育的ニーズ（以下 SEN とする）の概念を創設したが新たなラベリング
を生んでしまった。記述目的として SEN という概念を作成したのに，カテゴ
リー化に使われてしまった。」「ステートメント（就学決定書）発行についての

見通しの甘さがあった。予想以上の保護者が発行を希望し，財政の緊迫化による限られた財源問題が記載内容の本末転倒した動きを作ってしまった。例えば，真のニーズではなく，提供可能な内容を記載してしまい，保護者との長引く議論が起こり，保護者と教育委員会との対立が生じ，時間と予算の浪費を起こしてしまった」。ウォーノックによるインクルージョンに対する批判は，「一般社会にとって理想ではあっても，学校においては必ずしも理想ではない」，「成績中心主義が教育の成功に欠かせない雰囲気のなかで，通常の学校の授業に充分参加できない子どもたちがいることを忘れてはならない。」「インクルージョンは「悲惨な遺産」である。特定の子どもたちにとっての最善の教育はフル・インクルーシブな学校ではなく特殊学校・学級で行われる。」というものでした。ウォーノックのこの発言は，世界的に大きな波紋を起こしました。

3　韓国における特別支援教育とインクルーシブ教育

①韓国の特別支援教育の変化

　韓国の特別支援教育は，法律的には1994年から変わったといえます。韓国では漢字表記では「特殊教育」となっています。1977年に特殊教育振興法が策定され，現在の特殊教育の基盤が作成されました。1994年に全面改訂が行われました。改訂されたことについて，日本の制度と違う点を中心に紹介します。崔（2013）によると，⑴インクルーシブ教育を進める。⑵本人・保護者が特殊教育機関ではなく，通常の学校を希望した場合，居住地に一番近い通常の学校の通常の学級からはじめ，その後必要に応じて特殊学級，さらに特殊学校への就学手続きを行う。⑶就学の決定に際して，保護者の再審請求が可能であること。もし，自分の子どもの就学場所に反対の場合，異議申し立てができる。⑷学習障害のある児童生徒が教育支援の対象となる。⑸日本の個別の教育支援計画にあたる個別化支援計画を策定すること。⑹障害を理由に通常の学校への入学を拒否した場合，当該学校の長が一年以下の懲役または1000万ウォン以下の罰金が求刑される。⑺保護者が希望した場合，保護者教育ができる。⑻公立高等学校の特殊学級設置。以上の改訂が行われました。

②障害者等に関する特殊教育法（2007）の成立

　特殊教育振興法では就学前教育，高等教育や成人の生涯教育の規定が不十分

であると同時に，国および地方公共団体の具体的な役割が明記されていないため，法律の実効性の限界という大きな問題がありました。当事者や保護者，教育関係者が起こした活動によって，「障害者等に対する特殊教育法」が2007年4月に採択，2008年5月に施行されました。振興法との違いは，幼稚園から高等学校までを義務教育にすることにより国の責務を強化したこと，そして，大学内に障害学生支援センターの設置を促進することです。また，障害者生涯教育について規定し，成人障害者の生涯教育の法的根拠を設定しました。各地に **特殊教育支援センター**の設置により「**正当な便宜供与**（Reasonable Accommodation の韓訳。日本では**合理的配慮**と翻訳）」を図るようにしました。日本では特別支援学校のセンター的機能が規定されています。韓国では2007年4月に障害者差別禁止法が公布され，2008年以降，この法律による申し立て件数がいちじるしく増加しています。日本では2013年「障害を理由とする差別の解消の推進に関する法律」（障害者差別解消法）が出されました。

③国連障害者の権利に関する委員会の査察が韓国の特別支援教育に与えた影響について

　国連障害者の権利に関する委員会の査察を受けて，韓国特殊教育院の組織は改組しました。研修課に人権保護チームが設置され，インターネット上の障害のある児童生徒の人権侵害予防コンテンツで，児童生徒，教員，保護者が活用できるマルチメディア資料を閲覧できます（http://www.nise.go.kr/sub/info.do?m = 0505&s = eduable&page = 0401#tab15）。資料は，幼児児童生徒用人権侵害予防の内容として構成されています（落合・崔，2018）。国連障害者の権利条約の"Nothing About Us Without Us"の原則を貫いています（本章第3節参照）。

4　イタリアの特別支援教育

①インクルーシブ教育の歴史（落合，1997；国立教員研修センター，2014）

　イタリアでは1960年代に，障害児教育は同じ障害別に分けた教育によって行われるべきではないという考えが強くなりました。1968年に障害児のための特別な国立幼稚園の設置に関する論議が始まりました。1970年代初頭には，社会の間に障害者への理解や障害者への差別撤廃についての認識が深まってきました。このような社会的風潮は，障害をもつ児童生徒が通常の学校や社会への参

加を押し進める動きとなりました。1975年，上院議員フランカ・ファルクッチ（Franca Falcucci）氏を議長とする内閣委員会において，公立小学校が障害児のための教育にもっとも大切な場所として意味づけられており，分離された特殊教育的な施設を閉鎖し，幼稚園から中学校まで，通常の学校の中で教育が行われるような新しい運営が必要であると勧告しました。これをきっかけに，イタリアでは初等教育においては機能的インテグレーション，今日インクルージョンが開始されています。2006年に障害のある児童生徒への差別禁止の法律が施行され，2010年に学習障害の定義を読字障害，書字障害および計算障害とし，知的障害との区別を明確にしました。

②インクルージョンの教室の様子

　初等教育と中等教育では，インクルーシブ教育の内容が異なっています。初等教育では，機能的インテグレーションで，教科書中心ではなく，児童の自発的な活動を教員が支えるアクティブラーニング様の授業が行われ，障害のある児童が在籍している時間は，授業はその児童が参加できる授業内容に調整されます。学習指導要領はありますが，日本のような検定教科書ではなく，教員の手作り教科書や市販図書を使用します。中等教育では，場所的インテグレーションの授業が行われています。それぞれの教科教員プラス支援員の場合は，障害のある生徒は他のクラスメートと同じ教室にいるが別の内容の授業を行います。

5　普遍的な目標としてのインクルーシブ教育

　これまでのインクルージョンに関する議論は，サラマンカ声明や国連障害者の権利に関する条約の枠内で，障害のある児童生徒との関係で議論されてきました。しかし，2015年9月の国連サミット（United Nations, 2015）で決議されたSDGs（Sustainable Development Goals：持続可能な開発目標）や同年の11月に出されたインチョン宣言（文部科学省・日本ユネスコ委員会, 2015）でもインクルーシブ教育が提起され，社会的格差の問題，持続可能な消費や生産，気候変動対策など，先進国が自らの国内で取り組まなければならない課題を含む全ての国に適用される普遍的（ユニバーサル）な目標となりました。このような視点に立つと先進国の中でももっとも少子高齢化が進み，人口減少あるいは過疎化が起きている日本も，新しい視点でのインクルーシブ教育を考える必要があるで

はないでしょうか。

（落合俊郎）

〈文　献〉

Evans, P.「世界の支援教育の動向について」『日本 LD 学会第17回大会発表論文集』2008年，84-108頁。

国立教員研修センター『平成二十五年度教育課題研修者海外派遣プログラム研修成果報告書　特別支援教育の充実，イタリア（Ⅰ—1団）』2014年。

文部科学省教育課程企画特別部会「論点整理」2016年。

文部科学省・日本ユネスコ委員会『世界教育フォーラム2015成果文書インチョン宣言　教育2030——すべての人に包摂的かつ公正な質の高い教育と生涯学習を』2015年。

内閣府「障害者制度改革の推進のための基本的な方向について（閣議決定）」2010年。

落合俊郎著・監修『世界の特殊教育の新動向』日本知的障害福祉連盟，1997年。

落合俊郎・崔明福「国連障害者権利条約批准後の条約履行に携わる国立機関の役割に関する比較研究——日本と韓国の特別支援教育に関わる国立研究所の役割の比較」『広島大学大学院教育学研究科附属特別支援教育実践センター研究紀要』第16号，53-62頁，2018年。

OECD. *The integration of disabled children into mainstream education-ambitions, theories and practices.* 1994.（徳永豊・袖山啓子訳『通常教育への障害のある子どものインテグレーション——理想とその理論及び実践』全国心身障害児福祉財団，1997年。）

崔栄繁「第1章　韓国の障害者教育法制度と実態」小林昌之編『開発途上国の障害者教育——教育法制と就学実態，調査研究報告書』アジア経済研究所，2013年，9-31頁。

UNESCO. World Conference on Special Needs Education: Access and Quality. Salamanca Statement. 1994.

United Nations. The Sustainable Development Goals (SDGs), 2015. https://www.un.org/sustainabledevelopment/energy/（2019年9月27日閲覧）

Warnock, M., & Norwich,B. L.Terzi (Ed). *Special educational needs: A new look.* Bloomsbury, 2010.（宮内久絵・青柳真由美訳・鳥山由子監訳『イギリス　特別なニーズ教育の新たな視点——2005年ウォーノック論文とその後の反響』ジアース社，2012年。）

銭本三千年「ウォーノック報告と英国の盲教育」『視覚障害』第4号，5-24頁，1979年。

5 特別支援教育の展望

1 特別支援教育の展望を考えるうえで

特別支援教育の展望を考えるためには，これまで共有されてきた理念や方向性について確認する必要があります。

2007（平成19）年4月1日付の文部科学省初等中等教育局長による「特別支援教育の推進について（通知）」（以下，2007年通知）では，特別支援教育の理念を以下のように三つのパラグラフにまとめています（第1章第3節も参照）。

> 特別支援教育は，障害のある幼児児童生徒の自立や社会参加に向けた主体的な取組を支援するという視点に立ち，幼児児童生徒一人一人の教育的ニーズを把握し，その持てる力を高め，生活や学習上の困難を改善又は克服するため，適切な指導及び必要な支援を行うものである。
>
> また，特別支援教育は，これまでの特殊教育の対象の障害だけでなく，知的遅れのない発達障害も含めて，特別な支援を必要とする幼児児童生徒が在籍する全ての学校において実施されるものである。
>
> さらに，特別支援教育は，障害のある幼児児童生徒への教育にとどまらず，障害の有無やその他の個々の違いを認識しつつ様々な人々が生き生きと活躍できる共生社会の形成の基礎となるものであり，我が国の現在及び将来の社会にとって重要な意味を持っている。

第一のパラグラフでは，特別支援教育の目的や性格を述べています。第二のパラグラフでは，特別支援教育の対象を「**知的遅れのない発達障害**」を含むとし，対象枠の拡大をうたっています。第三のパラグラフでは，特別支援教育の社会的意味（社会発展上の意義）について述べています。

近年，**貧困**や**外国人ニーズ**など，様々なマイノリティへの教育的支援にも光が当たり始めています。本書「このテキストの使い方（教職課程コアカリキュラムとの対応）」に記しましたが，「特別支援教育」は，障害の有無にかかわらず，特別な支援を要する児童生徒全般を対象にするものとして位置づけられていま

す。コアカリキュラムに示されている目標「障害はないが特別の教育的ニーズのある幼児，児童及び生徒の学習上又は生活上の困難とその対応を理解する。」，「母国語や貧困の問題等により特別の教育的ニーズのある幼児，児童及び生徒の学習上又は生活上の困難や組織的な対応の必要性を理解している。」は，**特別の教育的ニーズを有するマイノリティ**を対象にしたものといえます。

　ここで，特別支援教育の対象についての筆者の認識を概括しておきます。

　第一の層は，「**特殊教育**」時代から引き継ぐ視覚障害，聴覚障害，知的障害，肢体不自由，病弱・身体虚弱，自閉症・情緒障害，言語障害で，特別支援教育の中核をなす層です。

　第二の層は，知的遅れのない発達障害です。これは，通常学級に在籍している学習障害（LD），注意欠陥多動性障害（ADHD），高機能自閉症等を指します。

　第三の層は，「障害はないが特別の教育的ニーズのある」とされるマイノリティや要特別支援の子ども。すなわち，特別の教育的ニーズを有する子ども全般であり，これまでの特別支援教育の対象をさらに拡張したものです。

　本節では，これからの特別支援教育を展望して，主に知的遅れのない発達障害を対象とする際の教育方法論上の見地，障害のない新しい対象に関する課題について概括します。

2　「持てる力」に着眼すること

①1980年代の実践から

　筆者は，1974年から35年間，小・中学校の特別支援学級を担当してきました。次のエピソードは小学校の情緒障害学級を担任していた1980年代前半のものです。

　筆者は，独自に「労作」と命名した作業学習の授業で，木工学習として梯子製作に取り組みました。低・中学年の自閉スペクトラム症の児童に，道具として鋸，のみ，げんのうを使用，それまでも，電動糸鋸をはじめとする様々な道具を駆使して物作りに取り組んできました。身体全体，目，手，道具を使う実践によって児童は日々成長し，その活動の様子はテレビ番組「サンデー九」で放映されました。[1]学級の児童は，言語発達の遅れや多動などの課題があるものの，目と手，道具を活用して物を製作する課題には集中して取り組む力を持っ

ていました。ここに着目して，身体形成を土台とし，**遊び・労働**を中核とする教育課程を編成していました。

　しかし，公開研究授業で「のみは，中学3年生レベルが使用する道具であり，小学生かつ発達に顕著な遅れがみられる自閉スペクトラム症児に使用させるのは安全面で大きな問題がある」という批判を受けました。残念なことに，安全という観点から〈問題のある授業〉と評価されただけで，筆者らによる，児童の「**持てる力**」を高めるという観点からの検討，評価はなされませんでした。なお，この時代でも「持てる力」と同様の視点から出発した実践が，全国的に展開，議論されていたということを付言しておきます。

②2000年代の実践から

　中学校特別支援学級のAさんは，顕著なゲーム依存がありました。学校から帰るなり寝るまでゲームを続け，休日は10時間以上も虜となります。また，物を投げつけたり暴言を吐いたりするなど，親兄弟との諍いも絶えません。Aさんは登校後，即座に寝入るような状態になります。疲れ果てて登校できない日もあります。本生徒が昼夜逆転と現実検討能力の低下による「不登校」に陥ることを危惧し，説教や叱責ではなく「持てる力」に着眼して支援しました。

　Aさんは，居眠りしようとまどろみ状態であろうとひとまず学校に来ています。これが「持てる力」です。「持てる力を活かし，高める」という方略が大切です。

　そのための第一の課題は，持てる力を活かす条件づくりです。これは，まず〈学校で寝てもよい〉を前提とすることにし，〈寝るスペース〉の提供として教室や体育館のステージ上に寝るスペースを確保しました。

　第二の課題は，教育指導としての仕掛けの導入です。寝たいときに勝手に寝ていいわけではなく，〈ルールを守る〉，〈相互性を培う〉という二つの教育指導課題を導入し，**社会性**の形成を図りました。

　そのルールは「寝たいときにはそのことを担任に伝える」こと，相互性は「自分の願い（要求）を聞き入れてもらうかわりに，教師の指示（要求）も聞

（1）「ふれあい広場・サンデー九」1983年2月27日放映「ぼくらのお母さんはひまわりだ」。札幌テレビ（STV）の福祉情報番組。

き入れる」ということです。たとえば，「1時間目は寝てもよいが，2時間目の交流授業には参加しなさい」と指示を出します。いずれも，自己中心ではなく，他者と交わしたルールや約束を基準にして動くという課題であり，社会性の発達につながるものです。Aさんは学校で寝なくなり，欠席も大幅に減少しました。

③「指導」と「支援」

「適切な**指導**及び必要な**支援**」も，特別支援教育の理念（2007）においてうたわれているキーワードです。

特別支援教育への移行時，教員同士の炉辺談話で，「教育的営みに『支援』はなじまない。『指導』でよい。」という意見がある一方，「『指導』から『支援』に移行させるべきだ。」という意見が交わされていました。その際，「指導」と「支援」の内容が定義されることはなく，イメージで語り合っていたものです。

そこで，「指導」と「支援」の混在状況を打開し，効果的な使い分けへの道を探りたいと考え，「指導」と「支援」を実践的に定義してみました。

【例1】フィールドワーク　水産加工場で調べ学習

指導→質問リストの作成と質問のリハーサル（いわゆる事前指導）。

支援→（現地）生徒が怖気づいて質問できないときに，教師が「ビールのつまみにふさわしい商品はなんですか？」など，場の雰囲気を和らげる質問をして，生徒が自ら質問をするという**主体的活動**のスイッチを入れる。

【例2】市内合同学習　市教委バスで他校訪問

指導→学校代表としての挨拶文や自己紹介文の作成とリハーサル。

支援→「大勢の他校生徒の前で話すなんてゼッタイできないので私は参加しません」と訴える生徒に対して，「まずはそこに行ってみよう。うまくいきそうもないと思ったときはあなただけ帰校させます。そのための車を先生が出します」と提示。「心の支え」＝「車」＝「安心感」によって持てる力を発揮する。

【例3】学校祭　舞台発表

指導→劇中に挿入される踊りをマスター。

支援→「何百人もの視線を浴びて踊ることなんかゼッタイできないので本番

は休みます」と訴える生徒に対して，衣装にメガネを加える。小道具としての
メガネによって視線が気にならなくなり，見事に踊りきる。

　このように，教育における「『指導』は，力を身につけ，先の見とおしをも
つための営み」，「『支援』は，力を発揮しやすい状況をつくり，その後の主体
的取組を見守る営み」として整理できるのではないかと考えています。

④「主体的な取組」における〈主体性〉をどのように引き出すか

　特別支援教育の理念（2007）では，「主体的な取組を支援するという視点」
に立つことが求められています。では，主体性とは何か，どのように引き出さ
れるものなのでしょうか。

　文部科学省『生徒指導提要』では，自発性・自主性とは，自ら進んで取り組
む姿勢や態度，自律性とは，欲求や衝動の抑制および計画的に行動する資質，
主体性とは，なお自分本位では行動できない現実場面があることから，自分な
りの意味づけや工夫を加えた能動的な行動の主体として自身を高めていくこと
だと説明しています（文部科学省，2010）。

　主体性をはぐくむうえで必要なのは意欲の喚起です。意欲は主に言語によっ
て喚起されます。その土台には肉体の運動（身体運動）や発達段階に即した発
達要求があり，周辺には，音楽・美術・映像などの芸術，風景，教材，人間関
係・仲間関係などがあります。これらが意欲的行動の源泉です。

　意欲を喚起する言語，換言すれば主体性を引き出す言語としてただちに想起
できるものは，〈ほめる〉，〈認める〉，〈意味づける〉です。「主体性を引き出す
言葉」を考えるために，ある事例をフィクションとして再構成しました。

　中学生Bさんは毎日，担任に「死」，「殺」といった不気味な文字を書き並べ
た紙を見せにくる。担任はどんな言葉を投げかけるべきでしょうか？

　Bさんに対する担任の最初の言葉は肯定語です。

　「一つの文字を小さく書いてきれいに並べているね」とほめてもらったBは
翌日も提出し，「並べ方がさらにきれいなっているね」とほめられ，次には色
をつけるようになり，1文字の羅列から単語の羅列，文へと発展させました。
日々ほめられ，認められることによって〈作品〉として進化していったのです。
この担任の素晴らしさは，Bさんの〈思い〉の〈出力先〉たりえたことです。
〈承認要求〉が満たされたBさんは，安定した学校生活を送るようになりまし

た。

　高校生Cさんは，不登校歴が長く，同世代との集団的な活動が苦手です。2年生で宿泊研修という難題にぶつかりました。相談を受けた教師が返した言葉は？

Cさん：「何人かで泊って食事をしたり話したりするということはできそうもない。かといって参加しなければ，今後卒業までの自分の立ち位置が決まってしまう，みんなの中に入れない者としての烙印を自分で押すことになる。先生，私はどうすべきでしょう？」

相談教師：「あなたは繊細な感覚を持っている。乗物，食事，入浴，就寝等々，折々のセンサーの働き方をノートにまとめて提出してください。」

　分析的思考に長けたCさんは，それならやれそうだと宿泊研修に行きました。

　Cさんには，「行きたいけれど行くのは不安」という葛藤を超える意味づけが必要でしたが，「自分のセンサーの働き方を調べる」という課題設定が「行く意味」として機能したのです。Cさんにとっては，自己分析を目的として参加した宿泊研修でしたが，同時に友だちが増えるという成果を得ることができました。

　〈意味づける〉ことによって，視点の転換や思考のパラダイム（枠組み）が変わり，ネガティブ感情からポジティブ感情への転換，あるいは障壁を超えることが可能となるのです。

　なお，親子の離別や虐待など，愛着上の課題を抱えている場合は〈よき記憶づくり〉も大切です。実践者と食事や映画に行くなど，楽しく過ごす「スペシャルタイム」といった独自の教育活動も必要になります。これは経験不足を補うことにもつながります。

3　特別支援教育の対象拡大をめぐる課題

　特別支援教育は，共生社会の実現をめざすところにその本質があり，障害の有無にかかわらず，マイノリティを包摂する教育が課題になります。

　宗教的マイノリティ，人種的マイノリティ，民族的マイノリティ等への差別・排除があり，疾病，障害，被爆，公害被害，薬害被害，被災，セクシュアリティ等のマイノリティへの差別・排除が克服すべき課題として横たわってい

ます。さらに，日本語が未習得の外国人の子ども・大人もマイノリティとして
の課題を抱えています。ここでは，LGBT（レズビアン・ゲイ・バイセクシュア
ル・トランスジェンダー）など性的マイノリティおよび日本語指導を必要とする
外国人ニーズの課題について概括します。

①性別違和や性的指向にかかわる教育的ニーズへの対応をめぐって

　文部科学省は，2016年4月に「性同一性障害や性的指向・性自認に係る，児
童生徒に対するきめ細かな対応等の実施について（教職員向け）」を全国の学校
に通知し，以下のような学校における対応事例を紹介しています。

・自認する性別の制服・衣服や，体操着の着用を認める。

・標準より長い髪型を一定の範囲で認める（戸籍上男性）。

・（更衣室として）保健室・多目的トイレ等の利用を認める。

・職員トイレ・多目的トイレの利用を認める。

・校内文書（通知表を含む）を児童生徒が希望する呼称で記す。自認する性別
　として名簿上扱う。

・体育又は保健体育において別メニューを設定する。

・（水泳において）上半身が隠れる水着の着用を認める（戸籍上男性）。補習とし
　て別日に実施，又はレポート提出で代替する。

・（運動部の活動として）自認する性別に係る活動への参加を認める。

・（修学旅行等において）1人部屋の使用を認める。入浴時間をずらす。

　以上のように，性同一性障害（性別違和），性自認に関する対応については，
一定の前進がみられます。一方，LGBなど性的指向への対応についての動き
はみられません。学習指導要領でも，「異性への関心」，すなわち「異性愛」を
前提とした学習内容になっています。当面，性のあり方の多様性，同性恋愛対
応スキルなどについての教育的対応は，個々の教師，教育現場に委ねられてお
り，今後，特別支援教育等の立場からの実践的な発信が課題となります。

②外国人ニーズと向き合う課題

　以下は，夜間中学に通う生徒の層別人数と構成比です（「第63回全国夜間中学

（2）「性同一性障害」という呼称は今後変わる可能性がある。「性別違和」（DSM-5：
　　2014）「性別不合（仮訳）」（ICD-11：2018）など。

校研究大会・大会資料」)。

　(1)新渡日外国人：1,265人（69.3％）　(2)日本人：313人（17.1％）

　(3)中国からの帰国者：181人（9.9％）　(4)在日韓国・朝鮮人：63人（3.4％）

　(5)難民：3人（0.2％）　(6)日系移民：1人（0.1％）

((1)の新渡日外国人とは，仕事や国際結婚等で戦後来日した外国人と家族等)

　国籍・地域は33に及び，アジアを中心に世界全体に広がり，**多国籍化**が進んでいます。年齢別人数も10代から80代まで各年齢層に広がっています。

　文部科学省調査（2019a）によれば，2018年度の日本語指導が必要な外国籍の児童生徒数は40,485人で前回調査（2016年度）より6150人増加しています。一方，日本語指導が必要な日本国籍の児童生徒数は10,274人で前回調査より662人増加しています。日本語指導等特別な指導を受けている割合および数は，外国籍で79.3％，32,106人で前回調査より2.4ポイント増加。日本国籍で，74.4％，7,645人で前回調査より0.1ポイント増加しています。

　また，別の文部科学省調査（2019b）では，小・中学校の就学年齢にあたる外国籍の子どもの2割弱にあたる約2万人が「就学不明」になっています。これは，「**子どもの権利**」の侵害であり，看過できない問題です。日本語指導のニーズへの対応も，今後の特別支援教育が視野に入れるべき課題なのです。

（二通　諭）

〈文　献〉

「第63回全国夜間中学校研究大会・大会資料」2017年9月全国夜間中学校研究調査（30校分）。（関本保孝「日本語学習と夜間中学校――歴史と現状，国の動向を踏まえて」『SNEジャーナル』2018年，55頁。）

文部科学省『生徒指導提要』2010年，10-11頁。

文部科学省「『日本語指導が必要な児童生徒の受入状況等に関する調査（平成30年度)』の結果について」2019年a。

文部科学省「外国人の子供の就学状況等調査結果（速報）」2019年b。

コラム5　ベトちゃんとドクちゃんだけでなく

「ベトちゃん・ドクちゃん」という二人の障害児をご存じですか。ベトナム戦争でアメリカが散布した**枯葉剤**（ダイオキシンを含む）の影響によって生まれた**結合双生児**です。

　1985年，ベトナムのホーチミン市の平和村で当時4歳の結合双生児の「ベトちゃん・ドクちゃん」に会いました。下半身はくっついていますが，二人それぞれ性格も違い，それぞれの個性がありました。私たちは二人に合った特製車いすを日本から送るなどの活動を行いました。その後の二人の分離手術に際しては，ベトナムに必要な医療機器や冷房器具などを運びました。

　現在，ドクさんは，仕事の傍ら，枯葉剤被害などについての講演会を行っておられ，日本にも何度も来ておられます。「美しい世界のために」というボランティア団体で，困難な状況にいる多くの人を助けたり，貧困のため学校に通うことが難しい学生へ奨学金を届けたりする活動をしておられます。ドクさんには双子のお子さんがおられ，名前はベトナム語で富士山の Phú Sĩ，桜という意味の Anh Đào です。日本とのつながりの強さがうかがえます。

　私は，1980年代後半，障害児教育に関するベトナムと日本の交流セミナーを毎夏開催するなどの活動を続けた時期がありました。日本から約30～50人，ベトナムから約100～150人が交流しています。その後，ベトナムのハノイ師範大学のホーチミン市分校でベトナム初の現職教員中心の障害児教育教員養成コースの創立にかかわり，カリキュラムづくりなどを行いました。2000年からは授業担当者の実質的な責任者を務めています。約50名の学生を対象とし，2年次より盲・聾・知的障害のコースに分かれます。現在では，ベトナムに約30校あるすべての師範大学には障害児教育教員養成コースが設置されています。

　しかし，障害の重い子どもの教育権はまだ十分に保障されてはいないようです。

（藤本文朗）

〈文　献〉
　藤本文朗『ベトちゃんドクちゃんだけでなく』文理閣，1996年。

特別支援教育関連法規

学校教育法

第七十二条 特別支援学校は，視覚障害者，聴覚障害者，知的障害者，肢体不自由者又は病弱者（身体虚弱者を含む。以下同じ。）に対して，幼稚園，小学校，中学校又は高等学校に準ずる教育を施すとともに，障害による学習上又は生活上の困難を克服し自立を図るために必要な知識技能を授けることを目的とする。

第七十三条 特別支援学校においては，文部科学大臣の定めるところにより，前条に規定する者に対する教育のうち当該学校が行うものを明らかにするものとする。

第七十四条 特別支援学校においては，第七十二条に規定する目的を実現するための教育を行うほか，幼稚園，小学校，中学校，義務教育学校，高等学校又は中等教育学校の要請に応じて，第八十一条第一項に規定する幼児，児童又は生徒の教育に関し必要な助言又は援助を行うよう努めるものとする。

第七十五条 第七十二条に規定する視覚障害者，聴覚障害者，知的障害者，肢体不自由者又は病弱者の障害の程度は，政令で定める。

第七十六条 特別支援学校には，小学部及び中学部を置かなければならない。ただし，特別の必要のある場合においては，そのいずれかのみを置くことができる。

2　特別支援学校には，小学部及び中学部のほか，幼稚部又は高等部を置くことができ，また，特別の必要のある場合においては，前項の規定にかかわらず，小学部及び中学部を置かないで幼稚部又は高等部のみを置くことができる。

第七十七条 特別支援学校の幼稚部の教育課程その他の保育内容，小学部及び中学部の教育課程又は高等部の学科及び教育課程に関する事項は，幼稚園，小学校，中学校又は高等学校に準じて，文部科学大臣が定める。

第七十八条 特別支援学校には，寄宿舎を設けなければならない。ただし，特別の事情のあるときは，これを設けないことができる。

第七十九条 寄宿舎を設ける特別支援学校には，寄宿舎指導員を置かなければならない。

2　寄宿舎指導員は，寄宿舎における幼児，児童又は生徒の日常生活上の世話及び生活指導に従事する。

第八十条 都道府県は，その区域内にある学齢児童及び学齢生徒のうち，視覚障害者，聴覚障害者，知的障害者，肢体不自由者又は病弱者で，その障害が第七十五条の政令で定める程度のものを就学させるに必要な特別支援学校を設置しなければならない。

第八十一条 幼稚園，小学校，中学校，義務教育学校，高等学校及び中等教育学校においては，次項各号のいずれかに該当する幼児，児童及び生徒その他教育上特別の支援を必要とする幼児，児童及び生徒に対し，文部科学大臣の定めるところにより，障害による学習上又は生活上の困難を克服するための教育を行うものとする。

2　小学校，中学校，義務教育学校，高等学校及び中等教育学校には，次の各号のいずれかに該当する児童及び生徒のために，特別支援学級を置くことができる。

一　知的障害者

　二　肢体不自由者

　三　身体虚弱者

　四　弱視者

　五　難聴者

　六　その他障害のある者で，特別支援学級において教育を行うことが適当なもの

3　前項に規定する学校においては，疾病により療養中の児童及び生徒に対して，特別支援学級を設け，又は教員を派遣して，教育を行うことができる。

学校教育法施行令

第十八条の二　市町村の教育委員会は，児童生徒等のうち視覚障害者等について，第五条（第六条（第二号を除く。）において準用する場合を含む。）又は第十一条第一項（第十一条の二，第十一条の三，第十二条第二項及び第十二条の二第二項において準用する場合を含む。）の通知をしようとするときは，その保護者及び教育学，医学，心理学その他の障害のある児童生徒等の就学に関する専門的知識を有する者の意見を聴くものとする。

第二十二条の三　法第七十五条の政令で定める視覚障害者，聴覚障害者，知的障害者，肢体不自由者又は病弱者の障害の程度は，次の表に掲げるとおりとする。

区分	障害の程度
視覚障害者	両眼の視力がおおむね〇・三未満のもの又は視力以外の視機能障害が高度のもののうち，拡大鏡等の使用によつても通常の文字，図形等の視覚による認識が不可能又は著しく困難な程度のもの
聴覚障害者	両耳の聴力レベルがおおむね六〇デシベル以上のもののうち，補聴器等の使用によつても通常の話声を解することが不可能又は著しく困難な程度のもの
知的障害者	一　知的発達の遅滞があり，他人との意思疎通が困難で日常生活を営むのに頻繁に援助を必要とする程度のもの 二　知的発達の遅滞の程度が前号に掲げる程度に達しないもののうち，社会生活への適応が著しく困難なもの
肢体不自由者	一　肢体不自由の状態が補装具の使用によつても歩行，筆記等日常生活における基本的な動作が不可能又は困難な程度のもの 二　肢体不自由の状態が前号に掲げる程度に達しないもののうち，常時の医学的観察指導を必要とする程度のもの
病弱者	一　慢性の呼吸器疾患，腎臓疾患及び神経疾患，悪性新生物その他の疾患の状態が継続して医療又は生活規制を必要とする程度のもの 二　身体虚弱の状態が継続して生活規制を必要とする程度のもの

備考

一　視力の測定は，万国式試視力表によるものとし，屈折異常があるものについては，矯正視力によつて測定する。

二　聴力の測定は，日本工業規格によるオージオメータによる。

学校教育法施行規則

第百二十一条 特別支援学校の小学部，中学部又は高等部の学級は，同学年の児童又は生徒で編制するものとする。ただし，特別の事情がある場合においては，数学年の児童又は生徒を一学級に編制することができる。

2 特別支援学校の幼稚部における保育は，特別の事情のある場合を除いては，視覚障害者，聴覚障害者，知的障害者，肢体不自由者及び病弱者の別ごとに行うものとする。

3 特別支援学校の小学部，中学部又は高等部の学級は，特別の事情のある場合を除いては，視覚障害者，聴覚障害者，知的障害者，肢体不自由者又は病弱者の別ごとに編制するものとする。

第百二十六条 特別支援学校の小学部の教育課程は，国語，社会，算数，理科，生活，音楽，図画工作，家庭及び体育の各教科，道徳，外国語活動，総合的な学習の時間，特別活動並びに自立活動によつて編成するものとする。

2 前項の規定にかかわらず，知的障害者である児童を教育する場合は，生活，国語，算数，音楽，図画工作及び体育の各教科，道徳，特別活動並びに自立活動によつて教育課程を編成するものとする。

第百二十七条 特別支援学校の中学部の教育課程は，国語，社会，数学，理科，音楽，美術，保健体育，技術・家庭及び外国語の各教科，道徳，総合的な学習の時間，特別活動並びに自立活動によつて編成するものとする。

2 前項の規定にかかわらず，知的障害者である生徒を教育する場合は，国語，社会，数学，理科，音楽，美術，保健体育及び職業・家庭の各教科，道徳，総合的な学習の時間，特別活動並びに自立活動によつて教育課程を編成するものとする。ただし，必要がある場合には，外国語科を加えて教育課程を編成することができる。

第百二十八条 特別支援学校の高等部の教育課程は，別表第三及び別表第五に定める各教科に属する科目，総合的な学習の時間，特別活動並びに自立活動によつて編成するものとする。

2 前項の規定にかかわらず，知的障害者である生徒を教育する場合は，国語，社会，数学，理科，音楽，美術，保健体育，職業，家庭，外国語，情報，家政，農業，工業，流通・サービス及び福祉の各教科，第百二十九条に規定する特別支援学校高等部学習指導要領で定めるこれら以外の教科，道徳，総合的な学習の時間，特別活動並びに自立活動によつて教育課程を編成するものとする。

第百二十九条 特別支援学校の幼稚部の教育課程その他の保育内容並びに小学部，中学部及び高等部の教育課程については，この章に定めるもののほか，教育課程その他の保育内容又は教育課程の基準として文部科学大臣が別に公示する特別支援学校幼稚部教育要領，特別支援学校小学部・中学部学習指導要領及び特別支援学校高等部学習指導要領によるものとする。

第百三十条 特別支援学校の小学部，中学部又は高等部においては，特に必要がある場合は，第百二十六条から第百二十八条までに規定する各教科（次項において「各教科」という。）又は別表第三及び別表第五に定める各教科に属する科目の全部又は一部について，合わせて授業を行うことができる。

2　特別支援学校の小学部，中学部又は高等部においては，知的障害者である児童若しくは生徒又は複数の種類の障害を併せ有する児童若しくは生徒を教育する場合において特に必要があるときは，各教科，道徳，外国語活動，特別活動及び自立活動の全部又は一部について，合わせて授業を行うことができる。

第百三十一条　特別支援学校の小学部，中学部又は高等部において，複数の種類の障害を併せ有する児童若しくは生徒を教育する場合又は教員を派遣して教育を行う場合において，特に必要があるときは，第百二十六条から第百二十九条までの規定にかかわらず，特別の教育課程によることができる。

第百三十七条　特別支援学級は，特別の事情のある場合を除いては，学校教育法第八十一条第二項各号に掲げる区分に従つて置くものとする。

第百三十八条　小学校，中学校若しくは義務教育学校又は中等教育学校の前期課程における特別支援学級に係る教育課程については，特に必要がある場合は，第五十条第一項（第七十九条の六第一項において準用する場合を含む。），第五十一条，第五十二条（第七十九条の六第一項において準用する場合を含む。），第五十二条の三，第七十二条（第七十九条の六第二項及び第百八条第一項において準用する場合を含む。），第七十三条，第七十四条（第七十九条の六第二項及び第百八条第一項において準用する場合を含む。），第七十四条の三，第七十六条，第七十九条の五（第七十九条の十二において準用する場合を含む。）及び第百七条（第百十七条において準用する場合を含む。）の規定にかかわらず，特別の教育課程によることができる。

第百四十条　小学校，中学校若しくは義務教育学校又は中等教育学校の前期課程において，次の各号のいずれかに該当する児童又は生徒（特別支援学級の児童及び生徒を除く。）のうち当該障害に応じた特別の指導を行う必要があるものを教育する場合には，文部科学大臣が別に定めるところにより，第五十条第一項（第七十九条の六第一項において準用する場合を含む。），第五十一条，第五十二条（第七十九条の六第一項において準用する場合を含む。），第五十二条の三，第七十二条（第七十九条の六第二項及び第百八条第一項において準用する場合を含む。），第七十三条，第七十四条（第七十九条の六第二項及び第百八条第一項において準用する場合を含む。），第七十四条の三，第七十六条，第七十九条の五（第七十九条の十二において準用する場合を含む。）及び第百七条（第百十七条において準用する場合を含む。）の規定にかかわらず，特別の教育課程によることができる。

一　言語障害者
二　自閉症者
三　情緒障害者
四　弱視者
五　難聴者
六　学習障害者
七　注意欠陥多動性障害者
八　その他障害のある者で，この条の規定により特別の教育課程による教育を行うことが適当なもの

第百四十一条　前条の規定により特別の教育課程による場合においては，校長は，児童
又は生徒が，当該小学校，中学校，義務教育学校又は中等教育学校の設置者の定める
ところにより他の小学校，中学校，義務教育学校，中等教育学校の前期課程又は特別
支援学校の小学部若しくは中学部において受けた授業を，当該小学校，中学校若しく
は義務教育学校又は中等教育学校の前期課程において受けた当該特別の教育課程に係
る授業とみなすことができる。

障害者基本法
第十六条　国及び地方公共団体は，障害者が，その年齢及び能力に応じ，かつ，その特
性を踏まえた十分な教育が受けられるようにするため，可能な限り障害者である児童
及び生徒が障害者でない児童及び生徒と共に教育を受けられるよう配慮しつつ，教育
の内容及び方法の改善及び充実を図る等必要な施策を講じなければならない。
2　国及び地方公共団体は，前項の目的を達成するため，障害者である児童及び生徒並
びにその保護者に対し十分な情報の提供を行うとともに，可能な限りその意向を尊重
しなければならない。
3　国及び地方公共団体は，障害者である児童及び生徒と障害者でない児童及び生徒と
の交流及び共同学習を積極的に進めることによつて，その相互理解を促進しなければ
ならない。
4　国及び地方公共団体は，障害者の教育に関し，調査及び研究並びに人材の確保及び
資質の向上，適切な教材等の提供，学校施設の整備その他の環境の整備を促進しなけ
ればならない。

発達障害者支援法
第二条　この法律において「発達障害」とは，自閉症，アスペルガー症候群その他の広
汎性発達障害，学習障害，注意欠陥多動性障害その他これに類する脳機能の障害であ
ってその症状が通常低年齢において発現するものとして政令で定めるものをいう。
2　この法律において「発達障害者」とは，発達障害がある者であって発達障害及び社
会的障壁により日常生活又は社会生活に制限を受けるものをいい，「発達障害児」と
は，発達障害者のうち十八歳未満のものをいう。
3　この法律において「社会的障壁」とは，発達障害がある者にとって日常生活又は社
会生活を営む上で障壁となるような社会における事物，制度，慣行，観念その他一切
のものをいう。
4　この法律において「発達支援」とは，発達障害者に対し，その心理機能の適正な発
達を支援し，及び円滑な社会生活を促進するため行う個々の発達障害者の特性に対応
した医療的，福祉的及び教育的援助をいう。

障害者の権利に関する条約（日本政府公定訳）

第二十四条　教育

1　締約国は，教育についての障害者の権利を認める。締約国は，この権利を差別なし
に，かつ，機会の均等を基礎として実現するため，障害者を包容するあらゆる段階の
教育制度及び生涯学習を確保する。当該教育制度及び生涯学習は，次のことを目的と
する。

(a)人間の潜在能力並びに尊厳及び自己の価値についての意識を十分に発達させ，並び
に人権，基本的自由及び人間の多様性の尊重を強化すること。

(b)障害者が，その人格，才能及び創造力並びに精神的及び身体的な能力をその可能な
最大限度まで発達させること。

(c)障害者が自由な社会に効果的に参加することを可能とすること。

2　締約国は，1の権利の実現に当たり，次のことを確保する。

(a)障害者が障害に基づいて一般的な教育制度から排除されないこと及び障害のある児
童が障害に基づいて無償のかつ義務的な初等教育から又は中等教育から排除されない
こと。

(b)障害者が，他の者との平等を基礎として，自己の生活する地域社会において，障害
者を包容し，質が高く，かつ，無償の初等教育を享受することができること及び中等
教育を享受することができること。

(c)個人に必要とされる合理的配慮が提供されること。

(d)障害者が，その効果的な教育を容易にするために必要な支援を一般的な教育制度の
下で受けること。

(e)学問的及び社会的な発達を最大にする環境において，完全な包容という目標に合致
する効果的で個別化された支援措置がとられること。

3　締約国は，障害者が教育に完全かつ平等に参加し，及び地域社会の構成員として完
全かつ平等に参加することを容易にするため，障害者が生活する上での技能及び社会
的な発達のための技能を習得することを可能とする。このため，締約国は，次のこと
を含む適当な措置をとる。

(a)点字，代替的な文字，意思疎通の補助的及び代替的な形態，手段及び様式並びに定
位及び移動のための技能の習得並びに障害者相互による支援及び助言を容易にするこ
と。

(b)手話の習得及び聾社会の言語的な同一性の促進を容易にすること。

(c)盲人，聾者又は盲聾者（特に盲人，聾者又は盲聾者である児童）の教育が，その個
人にとって最も適当な言語並びに意思疎通の形態及び手段で，かつ，学問的及び社会
的な発達を最大にする環境において行われることを確保すること。

4　締約国は，1の権利の実現の確保を助長することを目的として，手話又は点字につ
いて能力を有する教員（障害のある教員を含む。）を雇用し，並びに教育に従事する
専門家及び職員（教育のいずれの段階において従事するかを問わない。）に対する研

修を行うための適当な措置をとる。この研修には，障害についての意識の向上を組み
入れ，また，適当な意思疎通の補助的及び代替的な形態，手段及び様式の使用並びに
障害者を支援するための教育技法及び教材の使用を組み入れるものとする。
5　締約国は，障害者が，差別なしに，かつ，他の者との平等を基礎として，一般的な
高等教育，職業訓練，成人教育及び生涯学習を享受することができることを確保する。
このため，締約国は，合理的配慮が障害者に提供されることを確保する。

自立活動について（特別支援学校 小学部・中学部学習指導要領より）

目標

　個々の児童又は生徒が自立を目指し，障害による学習上又は生活上の困難を主体的に
改善・克服するために必要な知識，技能，態度及び習慣を養い，もって心身の調和的発
達の基盤を培う。

内容

1　健康の保持
　(1)生活のリズムや生活習慣の形成に関すること。
　(2)病気の状態の理解と生活管理に関すること。
　(3)身体各部の状態の理解と養護に関すること。
　(4)障害の特性の理解と生活環境の調整に関すること。
　(5)健康状態の維持・改善に関すること。
2　心理的な安定
　(1)情緒の安定に関すること。
　(2)状況の理解と変化への対応に関すること。
　(3)障害による学習上又は生活上の困難を改善・克服する意欲に関すること。
3　人間関係の形成
　(1)他者とのかかわりの基礎に関すること。
　(2)他者の意図や感情の理解に関すること。
　(3)自己の理解と行動の調整に関すること。
　(4)集団への参加の基礎に関すること。
4　環境の把握
　(1)保有する感覚の活用に関すること。
　(2)感覚や認知の特性についての理解と対応に関すること。
　(3)感覚の補助及び代行手段の活用に関すること。
　(4)感覚を総合的に活用した周囲の状況についての把握と状況に応じた行動に関するこ
と。
　(5)認知や行動の手掛かりとなる概念の形成に関すること。
5　身体の動き
　(1)姿勢と運動・動作の基本的技能に関すること。

(2)姿勢保持と運動・動作の補助的手段の活用に関すること。

(3)日常生活に必要な基本動作に関すること。

(4)身体の移動能力に関すること。

(5)作業に必要な動作と円滑な遂行に関すること。

6　コミュニケーション

(1)コミュニケーションの基礎的能力に関すること。

(2)言語の受容と表出に関すること。

(3)言語の形成と活用に関すること。

(4)コミュニケーション手段の選択と活用に関すること。

(5)状況に応じたコミュニケーションに関すること。

さくいん

《執筆者紹介》

小谷裕実（こたに　ひろみ）編者，第2章2・3，第4章3
　京都教育大学教育学部　教授

藤本文朗（ふじもと　ぶんろう）編者，第5章2，コラム5
　滋賀大学　名誉教授

青山芳文（あおやま　よしぶみ）編者，このテキストの使い方，第1章1・3・4・5
　立命館大学産業社会学部　教授

小畑耕作（こばた　こうさく）編者，第2章1，第4章2，第5章2
　大和大学教育学部　教授

近藤真理子（こんどう　まりこ）編者，まえがき，第1章2
　太成学院大学人間学部　講師

玉村総枝（たまむら　ふさえ）第2章4
　医療法人家森クリニック　心理士

白石純子（しらいし　じゅんこ）第2章5
　医療法人家森クリニック　作業療法士

山下融子（やました　ゆうこ）第3章1
　京都府立盲学校　校長

酒井　弘（さかい　ひろむ）第3章2
　京都府総合教育センター　教師力向上アドバイザー

山田定宏（やまだ　さだひろ）第3章3
　立命館大学教職教育推進機構　講師

猪狩惠美子（いかり　えみこ）第3章4
　九州産業大学人間科学部　教授

宮本郷子（みやもと　きょうこ）第3章5
　龍谷大学社会学部　特任教授

山田　孝（やまだ　たかし）第3章6
　元　彦根市立稲枝中学校　校長

青木道忠（あおき　みちただ）第3章7
　一般社団法人相談支援研究所　理事長

竹澤大史（たけざわ　たいし）第4章1
　和歌山大学大学院教育学研究科　講師

井上和久（いのうえ　かずひさ）第4章4
　大谷大学文学部　准教授

太田容次（おおた　ひろつぐ）第4章5
　京都ノートルダム女子大学現代人間学部　准教授

堀尾輝久（ほりお　てるひさ）第5章1
　　東京大学 名誉教授

玉村公二彦（たまむら　くにひこ）第5章3
　　京都女子大学発達教育学部 教授

落合俊郎（おちあい　としろう）第5章4
　　広島大学 名誉教授

二通　諭（につう　さとし）第5章5，コラム4
　　札幌学院大学 名誉教授

進川知世（しんかわ　ちせ）コラム1
　　京都府立与謝の海支援学校教諭，2019年度立命館大学産業社会学部4回生

【ボランティアとして協力していただいた方】

　青山早夏さん（（株）トリムのデザイナー）には，各節の原稿を読み込んでいただき，第1章〜第3章「○さんのケース」のイラスト（カット）を描いていただきました。当該ケースの困りごとの本質が見えるようなソフトタッチのイラスト（カット）に仕上げてくださいました。

　進川知世さん（立命館大学2019年度4回生）には，編著者の青山と一緒にすべての原稿（初稿）を読み合わせていただきました。読者目線で「よくわからない部分」「論理が飛躍しているため，ついて行けない部分」「誤解しそうな部分」をすべて指摘していただき，校正に生かすことができました。

　協力していただいたお二人に深く感謝します。ありがとうございました。

（編著者一同）

《編著者紹介》

小谷　裕実 (こたに・ひろみ)

　　京都教育大学教育学部教授・小児科医
　　京都府立医科大学医学部卒業・博士 (医学)
　　医療機関勤務の後，兵庫教育大学，花園大学等を経て現職
　　主　著　『高校・大学における発達障害者のキャリア教育と就活サポート』(共編著) 黎明書房，
　　　　　　2018年
　　　　　　『教員になりたい学生のためのテキスト特別支援教育』(共編著) クリエイツかもがわ，
　　　　　　2019年

藤本　文朗 (ふじもと・ぶんろう)

　　滋賀大学教育学部名誉教授，全国障害者問題研究会顧問
　　京都大学大学院教育学研究科修了 (修士)，博士 (東北大学)
　　大阪学芸大学，福井大学，滋賀大学，大阪健康福祉短期大学 (2009年まで)
　　主　著　『障害児教育の義務制に関する教育臨床的研究』(単著) 多賀出版，1996年
　　　　　　『ひきこもる人と歩む』(共編著) 新日本出版社，2015年

青山　芳文 (あおやま・よしぶみ)

　　立命館大学産業社会学部教授
　　京都大学教育学部卒業
　　京都府内の公立小学校・京都府立の特別支援学校・行政機関等，佛教大学を経て現職
　　主　著　『特別支援教育のための発達障害入門』(共著) ミネルヴァ書房，2005年
　　　　　　『小・中学校における LD,ADHD,高機能自閉症の子どもへの教育支援』(共著) 教育開
　　　　　　発研究所，2004年

小畑　耕作 (こばた・こうさく)

　　大和大学教育学部教授
　　和歌山大学大学院教育学研究科修了 (修士)
　　和歌山県立の特別支援学校を経て現職
　　主　著　『障がい青年の学校から社会への移行期の学び』(共編著) クリエイツかもがわ，2021年
　　　　　　『基礎から学ぶ特別支援教育の授業づくりと生活の指導』(共著) ミネルヴァ書房，
　　　　　　2017年

近藤　真理子 (こんどう・まりこ)

　　太成学院大学人間学部講師
　　奈良教育大学大学院教育学研究科修了 (修士)
　　大阪市内の公立中学校，広域通信制高校サポート校等を経て現職
　　主　著　『発達障害のバリアを超えて』(共編著) クリエイツかもがわ，2019年
　　　　　　『ぼくたちわたしたち福祉探偵団』(共著) 奈良県社会福祉協議会，2004年

小・中学校の教師のための特別支援教育入門

2020年4月20日　初版第1刷発行
2022年3月30日　初版第4刷発行

〈検印省略〉

定価はカバーに
表示しています

編著者　　小谷裕実
　　　　　藤本文朗
　　　　　青山芳文
　　　　　小畑耕作
　　　　　近藤真理子

発行者　　杉田啓三
印刷者　　中村勝弘

発行所　株式会社　ミネルヴァ書房
607-8494 京都市山科区日ノ岡堤谷町1
電話代表　(075)581-5191
振替口座　01020-0-8076

ISBN 978-4-623-08917-8
Printed in Japan

──────ミネルヴァ書房──────
https://www.minervashobo.co.jp/